TURING
图灵教育
站在巨人的肩上
Standing on the Shoulders of Giants

团队复盘法

带团队打胜仗的基本功

李婧怡◎著

人民邮电出版社
北京

图书在版编目（CIP）数据

团队复盘法 ： 带团队打胜仗的基本功 / 李婧怡著
. -- 北京 ： 人民邮电出版社, 2024.5（2024.5重印）
ISBN 978-7-115-64241-7

Ⅰ. ①团… Ⅱ. ①李… Ⅲ. ①企业管理－团队管理
Ⅳ. ①F272.90

中国国家版本馆CIP数据核字(2024)第078150号

内 容 提 要

本书通过作者个人经历，特别是在美团的工作实践，展示了团队复盘法如何帮助团队在不确定性与混沌中找到方向和成长点。

本书分为 3 个部分：概念篇、方法篇和实操篇。概念篇介绍了复盘的概念和价值，以及判断复盘好坏的评判标准。方法篇详细阐述了团队复盘法的 4 个步骤，引导读者了解整个复盘流程和可能遇到的问题及解法。实操篇则侧重于复盘前的准备工作和复盘过程中的关键引导技巧，并详细介绍了如何进行线上复盘。

全书旨在通过具体案例和操作指南，帮助读者学习如何有效地进行复盘，从而在实际工作中沉淀知识，加快成长速度，形成面向未来的能力。

本书适合所有想通过复盘达成团队共识、实现团队成长、提升团队绩效的创业者、企业管理者和职场人士。

◆ 著　　　　李婧怡
责任编辑　王振杰
责任印制　胡　南

◆ 人民邮电出版社出版发行　　北京市丰台区成寿寺路11号
邮编　100164　　电子邮件　315@ptpress.com.cn
网址　https://www.ptpress.com.cn
涿州市京南印刷厂印刷

◆ 开本：880×1230　1/32
印张：9.5　　　　2024 年 5 月第 1 版
字数：203千字　　　　2024 年 5 月河北第 2 次印刷

定价：69.80 元（附小册子）

读者服务热线：(010)84084456-6009　印装质量热线：(010)81055316
反盗版热线：(010)81055315
广告经营许可证：京东市监广登字 20170147 号

赞誉

团队复盘，就是科学地提炼对组织发展极为重要的经营规程，这些规程是现有组织的知识精华，更是未来组织进化的指南！

——陈劲　清华大学经济管理学院教授、中国管理科学学会副会长、《清华管理评论》执行主编

本书提供了一套完整的方法框架，以复盘为钥匙，打开了通往个人和团队卓越表现的大门。书中丰富的案例分析和互动式的练习，让读者能够轻松掌握复盘的艺术，并将其应用于实际工作中。对于追求卓越的企业领导者、项目经理、团队成员，以及任何希望持续成长的个人来说，本书都是一本不可或缺的实践指南。

——赵阁宁　《哈佛商业评论》中文版副总经理

婧怡既有在联合国开发计划署和盖洛普咨询公司这样的大组织中工作的经验，视野开阔，也有在美团磨砺、自己创业做小事的耐心。这些经历让《团队复盘法》这本书既有系统视角，又有具体的实操方法。如果你的团队希望通过不断训练、磨合，能够在认知和行动上“一起踢正步”，那么这本书就非常适合你和团队成员阅读。

——成甲　《好好学习》《好好思考》作者

复盘，每个人、每个团队都需要做。但复盘与复盘之间有着巨大差别。能不能真正做好复盘的差别，就是“会不会高水平学习”的差别。如果你对于复盘、学习、团队管理等还有着一些困惑，推荐阅读本书，你一定能从中获得启发。

——黄有璨　高分畅销书“运营之光”系列、《非线性成长》作者

无论对于个人还是团队，要想获得可持续的成功，复盘都是一项极其重要却又极易被忽略的工作。因为对这项工作的忽视，很多团队的潜能没有得到真正的发挥。我诚挚地推荐婧怡的《团队复盘法》，从某种意义来说，扎实的复盘会帮助团队沉淀真正的内在优势，并沿着核心优势的道路持续迭代、复利增长。

——刘佳　优势发展专家、清华大学管理学博士

一个会复盘的组织，基本上能做好任何事！以往的工作实践表明，成功的复盘需要四个元素：及时复盘的意识、科学复盘的方法、数据和信息的积累、团队成员在繁芜现象之外的深度思考，缺失任何一个都会导致复盘难以高效和有效地开展。婧怡结合了她在美团内外的丰富工作实践写了这本书，它是打开复盘这个宝库的钥匙。

——叶国晖　企业数智转型教练、原蚂蚁支付宝业务总裁、天猫新零售事业部总经理、IBM 全球企业咨询部合伙人

复盘是一个人职业生涯乃至人生中最为重要的能力之一，也是必备的高阶能力。本书深入浅出地阐述了复盘的意义、方法与如何实践，案例描述与场景再现绘声绘色，令人身临其境，是一部不可多得的职场“武林秘籍”。

——李洋　美团前打车、骑行业务负责人

复盘能力决定着团队的迭代速率！一直非常期待这本书的问世，期待复盘能够在更多的企业和团队中得到普及！作为一家提供专业服务的公司，我们得益于婧怡老师的复盘辅导，无论是在新业务探索、成熟业务创新方面，还是在组织发展方面，对于复盘的学习和运用让我们受益良多。

——韩雪飞　久商鲸策创始人

作为一名 CXO 教练，我从过去 15 年辅导超过 300 名领导者的经验中发现，有一个关键能力决定了领导者的长期领导潜力，这个能力就是复盘能力——形成个人知识体系并采取行动的能力。复盘不仅对团队能力的提升有价值，对个人成长也同样帮助很大。本书是婧怡总结的顶尖企业的顶尖复盘方法论，非常值得一读。

——胡家闳　CXO 教练、全球高管教练金标准 RECS 体系作者、沃顿商学院 CXO 及哥伦比亚 CEO 课程成功教练婧怡对于有效提升团队的管理能力及改善管理流程有极大的热情和极高的专注度，并且善于结合过往的经验，形成高效的方法论。本书就是一本集理论、实践及案例于一体的实战指南，对于个人、管理者和团队提升效能有很大启发和帮助。书中介绍了复盘的概念、方法、各类应用场景，并着重突出了团队复盘法的步骤和方法。通过阅读本书，读者将学习和掌握如何有效地通过复盘促进团队的能力及绩效的提升，更有效地达成卓越目标。

——田涛 百融云创人力资源副总裁

对于复盘这件事的重要性应该不用赘述了，不管你是一个有终身学习思维的个人，还是一个团队的领导者，都需要时时回顾和反思。大多数情况下，我们知道复盘很有必要，但是不知道如何有效地做好复盘。婧怡的这本书就是给复盘“解惑”的宝典，既聚焦了复盘的方法论，又提供了实用的工具，框架清晰且实操性强，非常推荐！

——马莉　美团到店事业群前招聘负责人、
途虎养车前 HRD、鲲驰集团人力资源总经理

经历不被反思，时间就会被浪费，而形式化的总结很难激发真正的改变。婧怡的复盘方法论直击复盘的要点，落地性强——本书的得失分析方法和现场引导技巧尤其让我受益匪浅！

——赵晴　华为领导力发展中心前资深经理、
IBM 战略人力资源管理前咨询经理

推荐序一

随着 ChatGPT 的诞生，人工智能在改变人类的工作模式的同时，也在重塑人类协作的组织模式。“小团队”“两人公司”“项目化小组”正在快速登上历史舞台，而传统的依赖融资成长模式的独角兽公司正在逐渐淡出，“团队 + 平台”的新型混序组织正在成为主流。凭借 AI 技术的突破，越来越多的 10 人以内的小团队公司在不到一年的时间里估值超过 2 亿美元。

火爆的 AI 视频应用 Sora 的两位创始人是 2023 年刚刚毕业的博士生，他们带领几个“00 后”的本科生组成了团队。视频生成公司 Pika 的创始人郭文景带领着一个 4 人小团队，其创造出的 AI 短视频应用让公司在半年内估值超过 2 亿美元。2022 年，Midjourney 横空出世，其团队也只有 11 个全职员工。2023 年 11 月推出的 AI 图像增强产品 Magnific AI 迅速成为热门应用，而它的团队也只有两个人。是的，这个公司只有他俩——Javi López 和 Emilio Nicolás。公司就像个草台班子，但是它搞定了一切——开局即盈利，出道即巅峰。

AI 垂直精细化时代正在快速降临，大厂和小团队的技术落差正在逐渐填平。在创新和创意的起跑线上，公司之间更多比拼的是学习能力和靶向能力。未来的超级公司的雏形已经出现在我们面前，一个学习型小团队抵过了千军万马。

最近两年，随着 AI 领域的重大技术突破，“小团队”已经成为耀眼的明星。我参与撰写的《混序小团队管理》一书于去年出版，上市后收到了热烈的反响。相关的线下分享会、主题讲座、线上直播活动频繁举办，每周多场活动接连不断。相对于过去的“大而全”，“小而美”的理念日渐被大众接受。瑞幸咖啡借助“小而美”的差异化战略逆风翻盘。字节跳动等移动互联网科技企业将构建小团队的创新能力提升至战略高度。美国硅谷的创业大神萨希尔在经历了从独角兽公司的失败到小团队的成功后，出版了《小而美：持续盈利的经营法则》。同样，在日本，小林制药会长、商界传奇人物小林一雅在尝到小团队内部创业的甘美果实后也出版了《小池大鱼》，彰显了小团队的巨大潜力。

与此同时，大量的与小团队相关的书籍和课程在国内纷纷上市，其中以“复盘”“执行力”“项目管理”为主题的较多。这些书的内容基本上大同小异，并没有引起我太多的注意，直到白羽向我推荐了这本《团队复盘法：带团队打胜仗的基本功》。这本书让我眼前一亮，读后顿感内容不落俗套，接地气、实操强，完全可以当作团队复盘的工具书。正如作者所说，本书可以“拿来就用”，于是我欣然答应为本书作序推荐。

本书的作者李婧怡早年在英国留学，回国后在大公司从事组织发展、团队培训、人才选拔等工作。她在美团就职期间，得益于美团事业群总裁王慧文的直接领导，天天带领团队投身实战，既推动了美团事业的高速发展，也从中学习积累了许多高效工作的经验，其中团队复盘是他们最常用，也是最有成效的提升团队战斗力的方法。经过在美团长达一年的打磨和优化，一套完整的“操作系统”——团队复盘四步法——最终形成了。这套方法在保障项目进度、提升团队绩效、提高学习能力、加快新手成长速度方面效果显著。

谈到复盘，大家一定会想到再熟悉不过的“工作总结”“回头看”“检查反思”，等等。大家在观念上早已形成了走过场的程式化定式：优点说得多多的，缺点说得少少的，事情做成了主要强调个人的努力和领导的英明，失败了一定要推给客观原因，至于改进和提高的具体措施，常常是浮皮潦草、对付过关就行。在总结反思的具体操作上更是缺乏标准和流程，而本书的内容恰好填补了实操标准这一空白。

本书的亮点和特色就在于这个“团队复盘四步法”。第一个“成败认定”就直接“硬刚”，要对目标完成情况做出准确的判定，且对事不对人；接下来的事实描述（场景还原）和得失分析会由表及里地逐层呈现和剖析问题；最后是总结提炼，将有效的做法、知识沉淀下来，把错误和偏差纠正到位，形成最优实践，之后再进行复制和优化。此外，在这一过程中，培育和选拔高水平的复盘引导师，可以促使这一方法更有效率地在组织内大量推广和应用。

在当前动荡不安的国际局势下、在知识和技术高速迭代的经济环境中，赢在团队协作、赢在认知迭代、赢在凝聚共识，是我们这群“老兵”在辅导团队、培养团队领导者的过程中形成的共识。本书作者把握住了小团队创新和个人能力提升的时代需要，着手于过去的工作，着眼于未来的能力，着力于当下的赋能，把团队复盘的理念细化成标准化操作流程（SOP），并提供了经过大量实践验证的配套工具，构建了一个真正的科学复盘系统。这个复盘系统与公司的其他组织能力共同构筑了面向未来的“混序组织”的核心竞争力。在小团队组织追求行动式学习和复盘式赋能的今天，这本书起到了坚实的铺路石作用。简捷、精益、实用、高效，就是它的独特价值。我个人对此非常赞赏和肯定。相信本书的出版能给更多的公司、团队和个人带来更强大的创造力和影响未来的能力。

李文博士

混序部落创始人、天士力制药集团原总经理、

《混序小团队管理》作者、乌克兰国家工程院外籍院士

推荐序二

我和很多美团人聊过天。在他们对美团的印象描述中，常常出现的描述美团特点的词，就是“方法论”。

凡事都有方法论。方法论让美团拥有了很多强大的能力，比如以下这些方法。

- 做业务的方法——让美团拥有了精细化运营的能力。在美团外卖与饿了么漫长的竞争中，正是精细化运营的能力让美团在大多数城市中实现了全面的领先。
- 发现和制定策略的方法——让美团拥有了快速复制能力。这使得任何一个有效的策略，只要在一个城市被发现，就能被美团快速地在所有城市落地。
- 培养人才的方法——让美团拥有了培养领导人才的能力。这使得美团培养出了一批优秀的业务负责人。

尤为难得的是，正是因为方法论的存在，才让美团在所有能力的发挥上都极为稳定。这让美团众多业务的成功率远高于大多数公司。

但是，这些方法论是怎么来的呢？

如果要为这些方法论找一个源头，这个源头是什么呢？换句话说，是否存在这样一个方法论，是它帮助发现和创立了其他方法论？问题的答案就是“复盘”。复盘就是帮助美团发现方法论的方法。

我在很早时，就看过出自王慧文的一句话：“一个能做出高质量复盘的组织，差不多是可以做好所有事的。”说实话，那时候看到了也就是看到了，我并不理解复盘到底有多重要，因为自己在创业时，也会带团队做复盘，然而效果一般，也就没再坚持。

直到有一天，和一位美团的朋友聊起复盘，我才知道：在做一个业务时，我们通常每月或每两个月做一次复盘；但是在美团，尤其是在一个业务的早期，是要每天复盘的。甚至于在美团团购业务的开展初期，王兴会亲自带领团队投入 20% ~ 30% 的工作时间去复盘。

随后，我又请教了一下美团是如何复盘的。我这才明白，此前自己之所以不能坚持复盘，完全是因为没有掌握复盘的正确方法，也就没能发挥复盘应有的价值。

在真正理解了美团的复盘方法之后，我才深刻理解复盘的本质是什么。我们常常说，决定一个企业发展、一个个体发展的关键主要是认知。那么认知是什么呢？

认知其实就是对客观规律的理解和掌握——不管是商业规律还是科学规律。规律描绘的是“动作”与“结果”之间的关系。掌握规律之后，我们就知道做出一个动作更可能导致什么样的结果。于是，我们就有能力不断地做出对自己、对企业最有利的动作，自然而然地就能更接近成功。

那么问题就来了，既然“规律”这么好，我们应该怎么发现规律呢？一个发现规律的最笨却最有效的做法，就是仔细观察和总结自己和团队做出的动作和取得的结果。我们一直在不断地做出大量的动作，也会看到很多动作的结果。这些动作和结果，就是发现规律的最佳素材。但是，只有做出“观察”和“总结”的动作，才能让动作与结果之间的规律浮现出来，而这些发现规律的动作就是复盘。

我们所看到的美团的成功，其实就来自美团通过复盘发现的大量规律。方法论就是对如何遵循规律的描述。当美团借助组织机制、方法论等让更多的美团人的行为更加符合规律时，美团自然会更容易成功。

所以，不管是对一个企业还是一个职场人，复盘都是最基础却又至关重要的能力。

你是否遇到过下面这些问题：为什么有很多问题总在重复发生？为什么有些事自己想做却总是做不好？为什么有时候做事很顺利，但是下一次做时却难以像上次那样顺利？

复盘正是解决上述问题、让自己具备更强能力的有效工具。

就像我自己的这次创业，正是靠着每周复盘，我才找到了一套可以持续创建爆款商业文章的创作流程，从而成功地启动了咨询业务。

不过，我一直有一个遗憾，那就是不能亲眼旁观王兴和王慧文的复盘过程。如果能够亲眼看到，我相信我在复盘上能够做得更好。而婧怡的这本书，让我有机会深入了解王慧文是如何带领美团人进行复盘的。同时，本书也提供了很多关于复盘的工具和案例，供你使用和参考。

无论你是创业者，还是职场人，这本书都值得你好好研读。

于冬琪

新浪数科前 COO & 企业发展战略咨询专家

推荐序三

第一次见面时，婧怡就给我留下了深刻的印象。她拥有教育人的情怀，当谈起自己的使命时，她的眼睛会放光。后来经过了解，我发现，她不仅仅是一名管理基本功讲师，更是身边罕见的复盘高手。当她把书稿发给我阅读时，我非常欣喜：三节课从此又将多一节好课。

实际上，我自己也是一个复盘的爱好者和受益者。在公司刚成立时，我曾经专门邀请复盘专家，花了2天做全员复盘技能培训，并且在每年年底公司和我自己都会做年度复盘。9年以来，我受益匪浅。所以，我一直相信复盘的价值，并且在公司内主张各个团队小事反思、大事复盘。

然而，正如书中讲到的复盘段位，大部分公司的复盘水平目前大概处在段位二：有复盘的意识，但是缺乏好的方法。这就会导致大家虽然花了时间复盘，但是没有取得显著效果，能力的复制和提升也较慢。当整个企业中，上百人甚至上千人的日常经验没有被沉淀和萃取时，企业浪费的是大量的知识资产，这真的好可惜。

此外，从公司的战略和团队打胜仗的视角来看，书中有一段话很打动我："在公司间的竞争中，比拼的就是谁犯的错误更少、浪费的资源更少、达到的业绩效果更好、创造的社会价值更多。这就要求公司从上到下，在关键决策和执行姿势上尽量不走弯路。”

而复盘可以帮助团队快速找到正确路径，纠正做事姿势。毫不夸张地说，同一赛道上的两家竞争企业比拼的就是复盘能力。谁的迭代速度快，纠错能力强，谁的队伍就能快速前进。复盘对于团队打胜仗的价值不言而喻。

更难得的是，本书是一本让读者“拿来就用、用了就会”的实操指南。婧怡非常全面地梳理了复盘的使用场景、复盘的形式、复盘参与人的职责、复盘的核心方法论，以及实操过程中所有的复盘筹备工作，内容实操性非常强。特别是本书针对每个步骤都提供了工具箱，基本上覆盖了复盘的所有工作环节，它们可以让一个复盘“小白”无忧上手，毫无压力地完成一次完整的复盘。

三节课的使命是链接全球优质课程资源，助力企业数字化转型和人才升级。基于这个使命，我们非常乐意为平台讲师提供课程内容的二次创作服务和发行服务。从一门课程发展成一本书不仅仅是媒介的变化，更体现了市场的多元化和读者的多元化。我期待婧怡的书和她在三节课的课程可以联动起来，互为支撑、相得益彰，以飨读者和用户。

最后，祝愿婧怡在未来创作出更多的优质课程和内容，也期待大家可以学以致用！

后显慧
三节课创始人

引言

复盘是每一个高手的必备基本功

你好呀，终身成长者。

翻开本书的人都有一个共同特点：渴望快速成长。

对自己，我们渴望更优秀；对团队，我们追求高目标。

但是，尽管我们每天都在拼命学习和工作，买了大量的课，参与了很多活动和项目，认识了不少厉害的人，但我们真的成长了吗？

在职场上，我们每个人的成长速度差异可能会非常显著。有的人干了10年依然没有做到管理岗，于是开始面对35岁开始的中年危机。有的人在职场仅仅干了3年就积累了别人10年的经验和认知。即使行业不景气，其职级也能3年连跳4级。我最近遇见的一个1996年出生的姑娘，从上市公司的营销助理做起，在职场上经历了两次大幅度转身，仅用了5年的时间就直接担任了一家IP（Intellectual Property，知识产权）孵化公司的合伙人。

不同团队的成长速度也有显著的差别。作为项目负责人、团队管理者，我们每天都在和成员一起处理问题、赶项目进度。一年过去了，咱们的团队能力提升了多少？如果一年后团队成员出去找工作，他们的身价能翻多少倍呢？那负责人、管理者自己呢？能保证比一年前的自己在市场上的竞争力更强吗？

过去，大家主要通过跳槽来寻找新的成长机会，可是在目前的经济环境和企业用人状况下，有没有一套方法可以让你不需要冒险跳槽，也无须额外缴纳高额学费，就可以原地启动高速成长呢？

答案是：有的。我在美团发现了这样一套实用又有效的个人和团队 10 倍速成长方法。这套方法可以帮助我们在不确定性中抓住确定性，在混沌迷茫中找到新知。一旦掌握这套方法，你不仅能在工作中获得成长，甚至在生活中也能拥有很多人所渴望的稀缺成长速度，仿佛自动拥有了一个“神秘加速器”。

这个“神秘加速器”就是：复盘。

你一定听过这句话：新手都在找捷径，高手都在练基本功。复盘，正是这样的一个高手都在练的基本功。所有的高手，纵然有很多模型和心法，但是如果一味地追求拓展自己的知识面，不做萃取和沉淀，那就无法真正实现知识和经验的内化。

近年来，随着知识付费的兴起，追求终身成长的人都在如饥似渴地吸收着新知。然而，当你不断地在做知识加法时，也就是在不同领域拓展新知时，我们决定通过本书带你做一件完全相反的事情——帮你做知识减法：带你回看已经获得的知识和经验，从存量的池子中分析、提炼和深挖，把浮于表面的体感和经验转化成你实实在在的能力。

敲黑板

有没有意识做复盘，拉开的是人与人之间的成长速度差距。

复盘的质量和深度，则直接拉开人与人之间的认知能力差距。

复盘是每个高手形成能力闭环的关键环节。

与复盘结缘

我第一次听说复盘这个词是在美团，当时我是支持美团旗舰业务的组织发展负责人，主要职责是支持几个 BU（business unit，业务部门）的组织发展策略落地，包括但不限于培养和复制业务管理人才、组织架构设计、核心高管团队融合等。

我所在的事业群是老王（王慧文）直接带的。内部涉及的业务包括当时美团的战略性业务、探索型新业务，也有较为稳定的现金流业务。所以我有幸了解并深度接触了老王在带业务时的风格和思路。

老王很强调基本功，在内部会上他曾犀利地指出："大部分人的努力程度还没有到拼智商的程度。"因此，他后来会在各种会议上带着大家刻意练习做业务的姿势和方法，反复强调基本功的重要性。本书提到的团队复盘法就是当时老王在一次业务内部会上提出的。

复盘这个词第一次给我留下深刻的印象，就是在老王主导的一次复盘会上。当时，一位同事正在分享他的项目工作思路和方案。他分享的文档总结了运营管理指标和指标管理策略。老王问："你这个工作方案当时为什么这么设计？"这位同事回答："（为了）在运营部进一步实现精细化管理。”老王反问：“什么是精细化管理？怎么算精？怎么算细？”

问题一出，全场都蒙了。这个词儿天天说，做业务时也天天喊，可是相关的问题突然一来，似乎没有人有答案。当时我刚加入美团不久，内心也在纳闷：“为什么要揪着一个词儿深究呢？这是在考试吗？好多年没背过词条了……”

然而接下来的一幕，让我到现在都记忆犹新。老王提出问题后，会上的众人开始纷纷发表了自己的观点。有的说精细化管理就是要切割出足够多的流程节点，有的说精细化管理是为了降低成本所以要加强管控，还有的说精细化管理是为了精准地做出管理动作。最后老王说：“咱们就回归语文，看看在词典上，‘精’和‘细’这两个字是什么意思。”

于是大家就跟着老王一起打开了自己的计算机或手机，查各种词典，包括《新华字典》《现代汉语词典》，等等。最后，大家一起总结发现：精，是指筛选后的好的事物，所以是指又少又好；细，是指颗粒度小的事物。所以，精和细指的是两个不同维度的意思。于是问题来了：“现在运营部是要做‘精’的管理，还是要做‘细’的管理？还是两个都做？”

我顿时恍然大悟：本以为这份框架清晰、论证合理、指标拆解得也很漂亮的文档已经很完美了，但在这些让人惊叹的内容背后，文档撰写的基础假设并没有被认真思考过。老王其实是在用提问的方式，引导团队发现这个工作方案（文档）背后的底层逻辑问题。一份原本强调**更多**的管理指标配合**有频次跟进**的文档，在这样的复盘讨论后，直接被调整了方向——用**更少**但价值更高的管理指标配合**场景化跟进**的策略。

经历过几次这样的复盘会，我对复盘越发敬畏。一个过去在我头脑里几乎没有任何存在感的词语，竟然能在短短 1 小时内，让整个团队穿透表象看到本质，直接掀翻顶层策略。这到底是什么样的神仙方法，怎么可以有如此巨大的影响呢？

带着这份好奇以及得天独厚的岗位优势，我有幸观摩了许多业务复盘，包括由受邀的专业引导师引导的复盘、业务团队自己组织和执行的复盘。在多次复盘中，我见证了不同层级、不同团队反复运用这套团队复盘法。最初，这套团队复盘法只在一个独立的旗舰业务内进行传播和应用，也只有老王亲自带领复盘的核心骨干在双周会上频繁使用。2019 年年底，美团出了《美团十大管理基本功》内刊。复盘被列为美团的“十大管理基本功”之一，正式成为公司要求所有业务管理者刻意学习和练习的能力。

小贴士

美团十大管理基本功是美团内部认定的所有管理者必须会的管理技能，它包括时间管理、定目标、追过程、做复盘、分工、选人、用人、培育人、激励人、淘汰人。

本书的写作初心与目的

我原本以为各家公司都像美团一样拆业务做复盘的，直到这几年自己出来创业、成立公司，有幸认识了更多各行各业的企业家，每年接触上千名创业者和职场人并为他们提供服务，我才发现很多人的复盘工作做得很草率、很粗糙，甚至有些人没有做复盘的意识。

说实话，做成的事情没收获经验，“做败”的事情没得到教训，这真的太可惜了！白白浪费了很多时间和经验。这就好比在战争年代有一支军队，本身就缺粮少武器，每次好不容易打完一场胜仗，就直接转头离开，端着枪冲向下一个山头了。地上的武器、子弹一概不捡，旁边的大炮、坦克一概不要，仓库里的粮食、其他补给一概扔掉。这么做是不是很浪费，很可惜？

回到我们的日常工作中，如果不进行复盘也会如此：好不容易做了一个大项目，团队积累了经验教训、新的业务认知、关键成功要素、做事情的流程和方法，获得了 SOP 的执行体会，等等，这些都是极为重要的“战利品”，非常值得拿出来复盘并沉淀。

于是我接受了一家学习机构的邀请，把我在美团学到的这套复盘方法做成了名为“科学复盘”的课程。截至 2023 年 7 月，参与学习的人次已经过万，课程评分为 9 分（10 分为满分）。如果大家对这个课程感兴趣，可以加入本书共读群，咨询如何获取这门课程。

2022 年 1 月，我在在行[①] 上接到了一个咨询的单子。来访者的需求是帮助她复盘去年主导出版的一本书。因为要给上级做汇报，

---

① 在行是一个技能共享平台，它可以帮助用户找到不同领域的行家，进行一对一的线下约谈。

所以她希望能有一次完整的复盘，以更好地呈现这份报告。我们沟通了大约 2 个小时。结束时她说："婧怡，你出本书吧，把你刚才这套复盘思路和步骤分享出来。我觉得很多职场人都会需要。"

对于这个提议，我既惊讶又惊喜。一方面，我只不过是一个复盘实践者，刚好有幸在工作中了解到这套方法，并且因为工作职责的原因，无论是在美团还是现在经营自己的公司，都在推动团队使用这个方法。另一方面，我也是个热情的复盘推广人，因为个人受益良多，所以逢人就推荐。现在有机会能把这个方法推荐给更多的人，我觉得是件非常有价值的事情。

本书特色

那么相较于市面上其他相似主题的图书，本书有什么不同呢？我觉得最重要的一点就是，**拿来就用**。

我本人是咨询专业出身，喜欢看理论书籍，但是直到自己创业才深刻地体会到，实践和实操才是真正的训练场。相较于比拼记住了多少思维模型，了解了多少不同流派的理论，更务实的成长姿势应该是在自己可以影响的范围内（比如个人能力、自己所在团队，或自己主导的项目上，等等）去干、去实践。

市面上关于复盘的书籍，有的着重讲理论，比如，知识是什么、知识与知识管理的区别是什么；有的离日常实操比较远，比如，更侧重如何在企业内形成知识管理体系，推广复盘文化；还有的更注重讲道理但是缺乏工具，读者阅读时觉得都懂，但是一旦自己去做，还是不知道怎么说话、怎么提问、怎么画图、怎么写复盘文档。因此，本书并不打算深入研究知识管理理论，而是追求让读者读完后可以自己主导一次完整的复盘，并且至少达到60分的合格水平。

除了注重“拿来就用”，我在撰写本书时做了一些新尝试。我结合课程教学思路，尝试用写教材的方式编写，从而更好地帮助你掌握这套方法论。具体表现为以下几点。

1. 对于团队复盘法中的每个步骤，本书都将提供执行标准。区别于其他书籍只讲“怎么做”，本书还将进一步提供“做到什么算好”的标准，帮助你构建审美标准。几乎每一章都至少包含一个案例，用来呈现在执行过程中做到不同标准时，会呈现什么样的结果。细小的动作差异将会让你感知实操上的难点。这样，你既能学到方法，又能秒速理解每个步骤的标准，便于自己执行。
2. 每个步骤都将提供工具箱，让你拿来就用。每个关键步骤、参与角色，都可以基于工具箱直接上手。将本书的工具箱集合起来，就是整个复盘的“武器库”。所以，你不用担心看完书后依然不知道如何去做。模板、话术、检查清单，全部已经列好。
3. 提供独特的基于复盘的深度思考训练。复盘最难的其实是深度思考、提出问题的能力。本书将着重为你提供训练深度思考能力的工具。深度思考确实很难，但是有了这些工具，任何人都可以快速地顺藤摸瓜，找到复盘中最关键的信息，更高效地发现问题的本质。

此外，虽然本书所讲的团队复盘法产生于职场，且更多地面向团队进行集体复盘的场景，但是这套方法也适用于个人成长。由于篇幅限制和内容的聚焦需求，我不会在本书中展开讲解如何做个人复盘。对此感兴趣的朋友，可以关注我的视频号“JingYi 婧怡说管理”。我会定期与你分享我的复盘反思以及个人复盘法。

总之，读完本书后，你可以：

- 提高复盘意识；
- 掌握复盘方法；
- 构建高质量复盘的审美标准；
- 具备主导和设计复盘会的基础能力。

如果你刚好有个项目马上需要一次复盘，那么现在就花上几个小时跟我一起开始探索吧。非常欢迎你带着复盘文档和自己的反思，来共读群与我进行交流。

本书内容结构

第一部分：概念篇。这一部分将主要阐述复盘是什么，帮助你认识团队复盘法的优势、与市面上常见的复盘法的异同，并构建团队复盘整体段位的认知框架。

第二部分：方法篇。这一部分将围绕团队复盘法，逐一讲解四个步骤应该如何做，带领你了解和熟悉复盘的全流程。特别是对于希望亲自带着团队做复盘的管理者，本部分将引导你一步步走完整个复盘过程，使你看完后具备独立“操盘”的能力。

第三部分：实操篇。组织一场复盘并非仅仅学会方法论就够用了。这一部分将详细讲解组织复盘时需要进行哪些前期准备工作，以及复盘时如何进行最关键的引导工作。针对异地办公的团队或无法线下召开复盘会的情况，本部分还专门有一章提供线上复盘的实操指南，能让你和团队做足准备，进行一场高效的线上复盘会。

本书的附录提供了一些学习资源，供你进一步学习复盘法和其他相关技能。

目录

第一部分 概念篇

复盘与总结有什么区别？复盘是不是追责？在第一部分中，我将为你揭开复盘的神秘面纱。如果你从来没有接触过复盘，或者没有专门了解过复盘，本部分将为你建立对复盘的基础认知。从本部分中你将收获以下问题的答案。

1. 复盘的概念是什么？
2. 市面上有哪些主要的复盘方法？
3. 团队复盘法具体是指什么？
4. 判断复盘做得好与不好的 5 个段位之间的差别是什么？

第 1 章

复盘的基本概念

1.1 复盘是什么

复盘一词最早源于围棋，主要是指下完一盘棋后，对整个下棋的过程进行回忆。棋手通过盘点一步一步是如何下的来检查和分析出招过程中的招法和套路的优劣势，进而提升自己的下棋技艺。

复盘这个词在我们的生活中也经常出现。比如，现在年轻人很喜欢玩剧本杀和密室逃脱等游戏，每次游戏结束后都会有 DM ① 带着参与者一起复盘游戏过程中每个人都掌握了哪些线索、漏掉了哪些线索、推理过程是否正确，等等。再比如，热爱体育的朋友可能都知道，对于每一个运动员，在每一场比赛结束后看比赛回放是非常重要的学习机会。通过回放，运动员可以观察自己的战术、动作还有哪些方面可以提升。此外，在个人提升方面，我们经常说的“一

① 剧本杀里的 DM 是 Dungeon Master 的缩写，意思是“地下城城主”，也就是游戏的组织者。DM 出自游戏 Dungeons & Dragons，后来随着剧本杀游戏的风靡，DM 在剧本杀中衍生出了主持人的意思。

日三省吾身”的自我反省也是复盘的一种。

拓展到工作场合，复盘就更加常见了。它可以是项目结束后的总结会，可以是季度结束后的目标回顾会，或者是年底总结时的经营复盘会。各个企业虽然对这种类型的会议叫法不同，但是本质上它们都是一种复盘。

敲黑板

复盘是指从自身过去经历的事情中学习，形成面向未来的能力。

在复盘的概念中有 3 个关键词。

- 过去；
- 自身；
- 面向未来。

所有的复盘，都是为了未来能做得更好。你需要基于亲自参与的、过去已经完成的项目、活动、任务去分析结果并得出结论。以下是对过去、自身和面向未来的解释。

1. 关于过去

如果复盘正在进行的事件，我们很难对做得好与不好、是否达到预期效果作出判断，从而会导致整个复盘的根基缺失，我们也无从判断哪些事情会带来哪些结果。

2. 关于自身

如果参与的是别人的项目、活动、任务，你自己只是在外围“参观”，那么你会缺少足够多的信息做深度思考和萃取。因为你没有亲自参与实操和实践，所以会缺乏细节信息、关键节点的过程反馈。复盘需要的是以真实、客观发生的事情作为素材进行分析，而如果只是以第三方身份去看，那么收集的信息往往会和真实发生的情况有很大的差别。

3. 关于面向未来

总有人会抱怨：“我们的复盘会就是一个追责大会，大家经常吵架、互相指责，非常不愉快。”其实，这是把复盘与追责搞混了。追责是针对过去发生的问题寻找责任人，是有惩罚意味的。但是复盘是面向未来的，过去发生的事情无论好坏，我们要一起找到能让下一次做得更好的解决方案。对于当时做错事的相关人，复盘并不追究责任。因此相对于追责来说，复盘是中立的，是更关注未来如何能够做得更好的。

可能有人会追问：“那复盘与总结有什么差别？我们经常会做一些总结。总结是不是就是复盘？”

事实上，有些公司的总结工作做得很完整，很有深度，这本身也是一种复盘。我们并不需要纠结于措辞，而是应该关注相关动作的特征。比如它是不是在用过去的经验作为素材，尝试找到未来做得更好的解法？它是不是尽量全面地盘点和深挖过去的事情，而不是流于表面或者想到哪儿就写到哪儿？再比如，这个动作是一个人就可以完成，还是所有参与人一起讨论后才能完成，等等。总之，复盘是通过深度思考和分析过去发生的事情，面向未来沉淀认知、进行能力建设的过程。

1.2 复盘与其他学习方法的异同

为什么我非常鼓励你关注复盘、应用复盘呢？复盘，之所以被很多公司和个人所青睐，是因为它满足了人的成长诉求，并且是一个相对高效的成长方法。这种成长感可以让个人感受到价值，让团队充满干劲儿。

大家都知道一个有关成人学习的“721 法则”（见表 1-1），其中的“2”是指基于他人的经验进行学习。它一般包括外部导师或者个人教练的辅导、与顾问的沟通和交流、上级的指导、与好友的交心讨论，等等；“1”是指通过书本、课程、学习机构等渠道，以正规、系统的方式进行学习，常见的方式包括企业培训、学校教育或者 MBA 课程学习等；而“7”则是指基于自己的实践和经验进行反

表 1-1 成人学习的“721 法则”

		学习方式举例
	10% 的学习	企业培训、学校教育、MBA 课程学习
	20% 的学习	外部导师、个人教练、顾问交流、上级指导、好友讨论
	70% 的学习	实践学习、工作反思、复盘

思和学习，然后再通过实践去验证知识或技能的掌握情况。这种实践学习的关键实现路径之一，就是本书所讲的复盘。

由此可见，复盘是把知识转换成能力的关键环节。

敲黑板

复盘是把知识转换成能力的关键环节。

我们每天在生活和工作中会有新的收获，我们看书、听课也会获得很多新的知识。但是，如果我们只是知道知识但没有去应用，那么就会产生“知识是知识，能力是能力”的分割局面。

生活中总会有人感慨说：“道理都懂，一做就错。”这就是没有把知识转化成能力的表现。

大脑“知道”和大脑能指挥完成“行为实践”是两个完全不同的事情。与其他的知识学习不同，复盘本身直指实践。所有的复盘都是在帮大家梳理：我们在什么时间做什么事情才是正确的；下次这个场景出现时我们应该如何做才可以复制这次的成功；我们如何做才可以减少失败。

当该发生的行为发生了且发生的时间节点正确、姿势标准时，我们就具备了相应场景的驾驭能力。因此，复盘拿到的结论不是简单的认知迭代，更重要的是带来行为变化。这其实也是复盘与其他类型的学习相比最大的不同。

小贴士

能力是指在应该发生某个行为的场景下，你让该行为以正确的姿势发生了。

1.3 复盘的价值和意义

1. 避免反复犯错

复盘能给我们带来什么价值呢？大部分时候，我们做事的成与败是由很多复杂原因共同导致的，而我们可能难以识别出具体的影响因子，于是就稀里糊涂地过去了。等到下次再发生类似的事情，我们很可能会再次犯下同样的错误。第一次浪费了时间和资源，第二次还会如此。

举个例子。某创业公司在 2018 年获得天使轮融资 1000 万元，2020 年初获得融资 1500 万元，公司共 30 人，开辟的业务线有 6 条。2021 年，公司的 CEO 压力极大，因为钱“烧”得差不多了，而几个业务线的团队没有跑出一个有效的商业模型。CEO 非常痛苦，毕竟这几年没少拉着团队一起讨论业务。他们经常整个周末都在开会，一个月连轴转、不休息是家常便饭，可一直都没有什么突破。

我碰到过的不少人都跟这个 CEO 一样，对复盘只有懵懂的认识。他们会自我安慰甚至自我感动地做很多事情，殊不知因为姿势不对、方法不对，白白浪费了时间。

问一个很扎心的问题：我们是不是总在用战术上的勤奋掩盖战

略上的懒惰？这句话最早是我在美团工作时在王兴的内部发言稿中看到的。战术的勤奋是指低水平的重复，其实就是蛮干——给 100 次机会，也不一定能突破瓶颈；而战略上的勤奋是指多动脑筋、少动手，思考什么是有价值的、什么是重要的、什么是最有效的。

在前面的案例中，虽然 CEO 一直拉着团队讨论业务，但是始终没有找到真问题。我们在沟通中发现，他一直在探索新业务，一个不行就换一个，这个不行就换那个。但是他的团队从来没有停下来问过自己："为什么这个业务探索没成功？我们做对了什么？做错了什么？"对于自己和团队已经投入的资源和金钱，团队没有认真地审视和深度反思，只是蜻蜓点水地聊一聊，局限于用数据分析业务表面问题。这种没有深度思考的复盘，导致公司 3 年多以来一直没有取得商业模型上的突破，白白浪费了几千万元的资金和 3 年多的宝贵时间。

你可以回忆一下，你有多少错误是反复犯的？你的团队又重复犯了多少错误？你是否曾经气急败坏地拍着桌子质问："为什么同样的错误总是反复出现？怎么老犯、老犯、老犯呢？"

其实答案很简单，当我们并不知道错误是怎么发生的、关键影响因素（哪个环节、谁、因为什么、做了什么事情、导致了什么问题等）是什么时，一旦同样的场景复现，我们是无法应对并避免错误的。

敲黑板

知道一个事情是怎么发生的、为什么会发生，是我们真正完成自我认知迭代、团队业绩迭代的关键。复盘是帮助我们获得这种认知的重要方法之一。

复盘可以让我们基于以下问题做出总结。哪些做得好、哪些做得不好？做得好的是怎么做到的？SOP 和检查清单（checklist）应如何梳理？做得不好的，是什么原因导致的？当时是如何决策的？为什么如此决策？决策背后的隐藏假设是什么？隐藏假设不在时我们要怎么做？……只有通过提问不断地深挖，我们才能在重复做时保证达到基础水平，且可以复现良好的结果；而针对做得不好的行为，我们下次可以进行优化和调整。

2. 加快成长速度

相比于做完一件事情完全不复盘的人，复盘的人有更扎实的做事姿势，以及更清晰的做事策略，其成长速度与同龄人相比明显更快。

你有没有过这样的感慨，许久未见的老同学或者老同事再相遇，有的人到中年碌碌无为，有的却开启了第二人生，破茧成蝶、意气风发。10 倍速成长听着很酷，但是为啥自己就实现不了？

总有人问我："你在过去这几年变化怎么这么大？感觉已经完全变了个人。"是的，复盘真的是我成长的秘密武器。自从掌握了复盘的方法，我产生了很强的"踏实感"。因为每一件事情发生时，我不再像看电影的观众一样，就体验了个热闹，而是像电影导演一样，我清晰地知道每个事件、每个画面为什么发生或出现；画面中的人是谁，他们需要什么；画面中的事件是什么，它为什么会在这个时间、这个地点发生；这个事件发生后会带来什么，它是不是不可避免的；这个画面中可以提升的是什么，做得足够优质和美好的又是什么……

根据上面的练习，你能判断出在你目前的工作中，哪些场景适合复盘，哪些不适合吗？请你先自己写一写，然后再看后面的内容。

____

____

____

为了让你更好地了解复盘的应用场景，我提炼了一个“一好一坏模型”，帮助你记住复盘的适用情况。“一好一坏”中的每个字代表一种情况。

1.【一】第一次做，且未来会重复做

在工作中，我们总有很多需要尝试的新策略、新方法、新功能，等等。我们并不知道这些新尝试是否可以带来预期的效果。因此，复盘可以帮助我们停下来，仔细做个判断。如果与我们的最初设想一致，那么我们就可以照着第一次的方式重复做第二次、第三次。但是，如果与我们的最初设想不一致，则要退回去重新设计，避免不必要的资源浪费。

也就是说，这种复盘主要常见于新业务的探索、新方向的探索、新策略的执行、新功能的上线、新客户的体验反馈，等等。这些尝试通常都有一定的失败风险，并且涉及未来是否进行持续的资源投入。因此，我们需要格外关注资源使用的 ROI（return-on-investment，投资回报率）以及对未来风险的把控。

2.【好】超预期的最佳实践

如果你的日常工作获得了重大突破，或者你成功地完成探索，且工作结果超出你的预期，又或者客户或合作伙伴给出了良好反馈，那么这些都值得进行一次复盘，从而提炼最佳实践，沉淀标准动作和工作流程，用于后续的复制。

这里必须强调一下，对于团队管理者而言，这一点尤为重要。你的团队最后能构建出什么能力，是与你在每一个业务小流程上所提炼出来的最佳实践的清晰度密切相关的。如果你能把业务流程拆解得非常细致，确保每个环节都有相应的行为标准，并且在各种特殊场景下都有应对方式，那么你的团队的基础水平是可以得到保证的。

3.【一】重大决策、关键决策

无论是在工作中还是在生活中，我们总会面临一些重大决策。这些决策直接影响公司的生死、团队目标的达成，甚至自己接下来的人生轨迹。对于如此重要的事情进行复盘和思考，是非常有价值的。

为什么每年年底头部公司一定会开战略复盘会？因为决策质量对于公司来说太重要了。其实这种复盘都是在审视每一个决策的合理性，检查决策逻辑背后的假设是否得到了验证，思考未来的决策质量如何能够提升……越是公司级的决策就越需要复盘，因为它影响着公司的成败，其影响的面广。一旦决策质量低，公司要付出的代价就会很高。

在公司间的竞争中，比拼的就是谁犯的错误更少、浪费的资源更少、达到的业绩效果更好、创造的社会价值更多。这就要求公司从上到下，在关键决策和执行姿势上尽量不走弯路。所以，头部公司通常会要求所有的团队至少以季度为时间单位进行复盘，或者对关键项目进行及时复盘。

4.【坏】未达预期、偏离正常值

在工作中，总有一些不成功的任务、项目和策略。它们之所以被称为“不成功”，是因为它们与我们期望的结果和目标有差距。那么这些差距是什么原因导致的？我们未来应该如何避免？这些问题的答案其实体现的就是我们的认知不足、能力不足。好的复盘是可以帮助我们找到这些认知差、能力差的，从而为未来做得更好找到解决方案。

本章小结

本章主要阐述了复盘的概念、复盘的价值以及应用场景。简而言之，复盘就是指从自身过去经历的事情中学习，形成面向未来的能力。及时复盘可以让我们避免反复犯错、加快成长速度、实现团队成长和人才复制。

此外，本章还提炼了“一好一坏模型”来帮助你判断哪些场景需要复盘。这些场景的复盘有重要的价值：通过深度思考和分析过去发生的事情，沉淀认知，促进个人和团队的能力建设。

本章知识点思维导图

- 第1章　复盘的基本概念
  - 复盘是什么
    - “复盘”一词源于围棋
    - 从自身过去经历的事情中学习，形成面向未来的能力
    - 复盘与总结、追责不同
  - 复盘与其他学习方法的异同
    - 从亲身经历中来，回到亲身实践中去
  - 复盘的价值和意义
    - 避免反复犯错
    - 加快成长速度
    - 实现团队成长和人才复制
  - 复盘的应用场景
    - “一好一坏模型”
      - 【一】第一次做，且未来会重复做
      - 【好】超预期的最佳实践
      - 【一】重大决策、关键决策
      - 【坏】未达预期，偏离正常值

第 2 章

团队复盘法简介

2.1 团队复盘法是什么

在引言中我提过，本书所讲的复盘法是我在美团工作期间参与老王主导的业务会议时记录下来的团队复盘法。

团队复盘法主要的应用场景是团队复盘，比如，决策团队的阶段性业务复盘、探索型业务的商业模型测试复盘，以及一些营销战役或者关键项目的日常复盘。最早，团队复盘法是由美团的一个旗舰业务的决策层使用的。后来随着美团干部向下渗透和复制，这个方法逐渐传开。

老王的团队复盘法一共分为以下 4 个步骤或环节。

第 1 步：成败认定；

第 2 步：场景还原；

第 3 步：得失分析；

第 4 步：总结提炼。

与其他复盘方法比起来，这 16 字的团队复盘法既保留了复盘的精髓，又简单好记。

2.2 不同的复盘方法

目前，除了本书介绍的团队复盘法，市面上还有 3 种主要的复盘方法，即邱昭良老师提出的复盘四大阶段、沈磊老师总结的复盘五大步骤，以及陈中老师总结的复盘 6 个步骤。那老王的团队复盘法与其他 3 位老师的方法相比，有什么不同呢？我做了一张表（见表 2-1），来对比各位老师的复盘方法。

表 2-1 不同的复盘法对比[①]

	邱昭良	陈中	沈磊	老王
第一步（阶段）	回顾评估	回顾目标	梳理过程	成败认定
第二步（阶段）	分析反思	叙述过程	回顾目标	场景还原
第三步（阶段）	萃取提炼	评估结果	评估结果	得失分析
第四步（阶段）	转化应用	分析原因	分析原因	总结提炼
第五步		推演规律	总结经验	
第六步		形成文档		

与邱昭良老师的复盘四大阶段相比，老王、陈中和沈磊老师把还原事情发生的具体过程作为独立的一步进行了强调。这是因为，这一步对于深度思考、发现现象背后的本质认知具有非常高的价值。只是 3 位老师对这个环节的命名略有不同：陈中老师称其为“叙述

① 表中所列的前 3 个复盘方法分别来自邱昭良老师的《复盘+：把经验转化为能力》、陈中老师的《复盘：对过去的事情做思维演练（实践版）》和沈磊老师的《复盘》。——编者注

过程”，沈磊老师称其为“梳理过程”，而老王称其为“场景还原”。不过，需要补充说明的是，邱昭良老师并没有完全忽略有关事件还原的工作，他是把这个工作合并到了“回顾评估”这一步中。

相较于沈磊老师把事件还原（梳理过程）放在了第一步，老王（场景还原）和陈中老师（叙述过程）把事件还原安排在了回顾目标（成败认定①）之后。这是为了让事件的还原更加聚焦、更有目标感。特别是对于一些小型复盘、“短平快”的复盘，这样的复盘顺序会让工作更加高效。

与陈中老师的 6 个步骤相比，老王的团队复盘法更加简明扼要地提炼出了复盘的关键和核心。它的 4 个步骤全面地体现了一个复盘的闭环，既没有过度强调筹备工作的重要性，也没有过度强调分析环节的重要性。

可能乍一看，不少读者会觉得老王的方法似乎不够重视分析环节。与其他老师给出的方法对比时，你会发现陈中、沈磊老师用了多个独立的步骤来强调分析环节要做的事情。其实，只要参加一次老王的复盘会，你就会发现，在老王的方法中，“得失分析”这一步是最重要，也是最难的一步。它完全覆盖了两位老师提出的评估结果②、分析原因等工作。所以，团队复盘法不是不重视分析中的关键动作，而是不想忽略任何与分析相关的关键动作。

我之所以强烈推荐老王的团队复盘法，不仅是因为它全面抓住了复盘的核心逻辑，突出了高价值环节，而且简明扼要的 16 字也更

① 成败认定也旨在回顾目标，让团队就目标达成共识。
② 评估结果强调结果与目标的对比分析。

容易被记住。在美团做过几次复盘后，我就牢牢地记住了这 16 个字，并且沿用至今。

2.3 复盘的 5 个段位

读到这里，你可能会觉得市面上的复盘方法大同小异，也没什么大差别吧。是的。其实，如果纯从做事情的方法论、步骤顺序来说，确实差不多。但是正如熟谙方法论模型的咨询顾问与业务实操专家不同一样，即使用同样的方法做复盘，有的人会觉得是浪费时间，而有的人却觉得酣畅淋漓，收获颇多。你知道造成这种差异的原因是什么吗？

这种收获感的差异与每个人在每个步骤上的复盘姿势、思考颗粒度直接相关。我基于自己这些年的观察和实践，根据复盘的好坏，把复盘划分成了 5 个段位。你可以据此评估自己目前所处的复盘水平。

段位一：缺乏认真复盘的意识

还记得本书的引言中举的一个例子吗？在战争年代，一支军队每次好不容易打完一场胜仗，什么都不要，而是直接转头离开，端着枪冲向下一个山头了。地上的武器、子弹一概不捡，旁边的大炮、坦克一概不要，仓库里的粮食、其他补给一概扔掉。同样，在工作中，好不容易做完工作，却没有进行任何沉淀，导致没有 SOP、没有设计好的基本工作流程……这种情况就属于段位一。

你可以梳理一下，自己在工作中是否对那些符合“一好一坏模型”、值得复盘的项目、活动、策略都做了必要的复盘（参见 1.4 节）。只有树立了复盘意识，才能把每一天发生的事情真正作为自己的成长素材，提炼出“知识宝藏”。

段位二：有复盘意识，但缺复盘方法

一旦具有了复盘意识，接下来就要看复盘的方法或复盘的姿势了。段位二的复盘人通常会将“总结”与“复盘”搞混，他们认为复盘就是总结提炼下这次工作中自己的一些收获和反思，简单地写几句就收尾了。由于没有面向未来进行能力建设的意识，因此他们更多的是应付当下的一个总结任务，而缺乏必要的信息收集和信息分析，更谈不上有高质量的观点和结论。

为了让你更直观地了解总结和复盘这两者的区别，我做了一张表（表 2-2）供你比对和参考。

表 2-2　总结和复盘的区别

	总结	复盘
参与人	自己或所有相关人员	所有相关人员
观点的产出方式和特点	随机提出； 临时想到； 结论导向； 内容较为分散	系统梳理； 提前刻意准备信息以辅助思考； 过程数据分析和流程拆解清晰； 内容全面、系统性强
观点的论证方式	主观色彩强、以个人感知为主	数据呈现、逻辑推导
关注重点	过去做得好不好	未来如何做

下面，我们来看一个案例。从案例 2-1 中，你可以更好地了解这两者的不同。

案例 2-1　团队内部的某次复盘

一次，在将复盘任务布置下去后，团队中的两个成员分别提交了下面的复盘资料。

小 A 的复盘资料

基于本次活动，我们发现了以下几个问题。

1. 客户对产品的兴趣不高，转化效果不好。

2. 销售现场氛围不够热烈。

3. 合作方受项目经理影响，与我们的配合度较低。

我建议接下来与合作方开一个会议，指出本次合作中对方的问题，让合作方制定一个解决方案。

小 B 的复盘资料

本次活动的主要目标是销售 1000 份新品，实际销售了 260 份。

活动结束后的回放数据显示了以下内容。

1. 在回访的 100 个随机抽样的用户中，27% 的用户表示产品与自己的需求不符；48% 表示产品还不错，愿意持续关注；25% 表示非常需要。

2. 在随机抽样的用户中，提及现场太吵闹、听不清楚广播在说什么的占 30%，且这是抱怨最多的内容。另外，75% 的用户认为，产品目前的价格可以接受，比较合理。

本次影响销售的关键因素可能包括：

1. 产品与用户需求的匹配度；

2. 产品促销方案和价格因素；

3. 销售现场的氛围和造势（合作方的现场支持）。

基于以上内容，我个人有如下想法。

1. 25% 的用户觉得非常需要我们的产品，这个比例有点儿低。但是，现在很难对产品与用户需求的匹配度下结论。虽然本次购买的人数较少，但是我们并不确定来参与活动的人有多少是我们的目标客户。所以，我建议对已经购买的用户继续调研，进行用户画像勾勒、提炼购买原因。

2. 75% 的用户认为价格可以接受，因此可以初步排除产品促销方案和价格因素对销售量的影响。建议下次保持这个价格。

3. 30% 的用户抱怨现场的销售氛围。这是一个值得进一步讨论的问题。理论上不应该出现这样的反馈。

待办事项：

1. 继续进行用户调研，拟定访谈提纲；

2. 和合作伙伴复盘现场的活动策划范围，对活动的设计以及节目安排进行调整。

通过对比小 A 和小 B 的复盘资料，我们可以看出小 A 是有复盘意识的，但是她的复盘内容其实是在罗列自己的观察和感受。她似乎说了一些问题，但是并没有给出问题出现的原因和需要改进和提升的方向。这种内容的罗列对于下一次的工作开展没有任何指导意义。

而小 B 的复盘资料更完整地列出了活动目标，分析了可能导致没有达成目标的原因。更棒的是，她还提供了数据来支持自己的原因分析，并为解决问题给出了工作建议。相比之下，小 B 的复盘框架更加完整。

段位三：有意识，有方法，但缺信息

一旦掌握了复盘的基本方法，人和人之间的差距就不是知识的差距了，而是勤奋的差别。

复盘是一个基本功，你需要扎扎实实地把每一个环节都做好。团队复盘法中的前两步“成败认定”和“场景还原”是最重要的准备工作，也是在执行团队复盘法的过程中最容易让人偷懒的两步。属于段位三的复盘的主要问题是，在复盘的前两步上执行得不扎实，从而导致信息输入不足，影响复盘质量。

举个例子。“成败认定”这一步需要你能够清晰且完整地陈述复盘主题（项目、活动或事件）的目标。但实际上，不少项目在启动时就没有清晰地定过项目目标，因此我们需要在复盘时先对目标进行重新澄清并达成共识。可是在实操中，很多团队干脆跳过这个环节，没有回顾目标、讨论目标。还有的团队虽然有目标，但是在复盘时忽略了对目标的重新确认，或者只是草率地说一下项目目标，然后就一头扎进项目执行过程中去讨论问题了。

再举个例子。“场景还原”这一步经常是被主动忽略的。为什么这么说？因为这一步需要大量的过程文档、经营数据，甚至沟通和对话细节，作为帮助团队回忆当时发生了什么的材料依据。然而，由于工作中不注意留痕，或者懒的花时间翻阅过往信息，因此这一步在很多的复盘中被大幅缩减，从而导致大量的重要信息丢失、数据论证不完整。这就像炒菜，如果缺少食材和作料，就注定做不出美味佳肴。

高质量的讨论和分析是需要足够多的信息输入的。在案例 2-1 中，小 B 的复盘框架虽然比较完整，但是缺少足够多的支持信息。

小 B 的复盘资料

本次活动的主要目标是销售 1000 份新品，实际销售了 260 份。（**缺乏关键子目标、过程目标。**）

活动结束后的回放数据显示了以下内容。（**缺乏活动各环节的关键信息和数据回顾。**）

1. 在回访的 100 个随机抽样的用户中，27% 的用户表示产品与自己的需求不符；48% 表示产品还不错，愿意持续关注；25% 表示非常需要。

2. 在随机抽样的用户中，提及现场太吵闹、听不清楚广播在说什么的占 30%，且这是抱怨最多的内容。另外，75% 的用户认为，产品目前的价格可以接受，比较合理。

本次影响销售的关键因素可能包括：

1. 产品与用户需求的匹配度；

2. 产品促销方案和价格因素；

3. 销售现场的氛围和造势（合作方的现场支持）。

基于以上内容，我个人有如下想法。

1. 25% 的用户觉得非常需要我们的产品，这个比例有点儿低。但是，现在很难对产品与用户需求的匹配度下结论。虽然本次购买的人数较少，但是我们并不确定来参与活动的人有多少是我们的目标客户。所以，我建议对已经购买的用户继续调研，进行用户画像勾勒，提炼购买原因。

2. 75% 的用户认为价格可以接受，因此可以初步排除产品促销方案和价格因素对销售量的影响。建议下次保持这个价格。

3. 30% 的用户抱怨现场的销售氛围。这是一个值得进一步讨论的问题。理论上不应该出现这样的反馈。

待办事项：

1. 继续进行用户调研，拟定访谈提纲；

2. 和合作伙伴复盘现场的活动策划范围，对活动的设计以及节目安排进行调整。

段位四：有意识，有方法，有信息，但缺深度思考

那么我们应该如何优化才可以从段位三走向段位四呢？我们继续看案例 2-1 中小 B 的复盘资料，对比一下段位三和段位四两个版本的复盘资料。

段位四的复盘最重要的特征是：有大量且充分的信息。在这样的复盘资料中，你可以看到清晰的目标、整个项目或活动中发生了哪些影响目标实现的重要事件，以及基于这些信息所做的思考和得出的结论。以下是小 B 的复盘资料的优化版本。

小 B 的复盘资料（优化后）

第一步：成败认定

本次活动的主要目标是销售 1000 份新品，实际销售了 260 份。

为了实现目标，我们的关键跟踪指标包括：定向邀约用户 5000 人（实际邀约 5500 人）、到场用户 500 人（实际到场 800 人）、宣传手册发放率不低于到场用户的 80%（实际发放 400 张，发放率 50%）

第二步：场景还原

活动前的关键工作

1. 寻找合作商，完成用户邀约，进行现场活动策划
    a. 用户画像
    b. 活动策划策略
    c. 关键风险和规避方案

d. 活动预算及费用

2. 与工厂联系并确认产品生产和运输事宜

a. 活动时间较为紧张，没有用新品而是用的存货，材质不一样；

b. 考虑存货数量有限且时间紧张，没有雕刻 logo，直接包装出货。

活动过程中的关键事件

1. 分工（附上分工表）

2. 现场发生了什么

a. XX 点 XX 分，收银设备死机，导致排长队；

b. 临时改用公司收款码收款，并且在现场设置公司收款码权限时，相关人遇上操作难题；

c. 现场音乐和表演的吸引力强，驻足观看人数一直维持在 20~40 人。产品曝光位置足够醒目。

活动结束后的关键工作

1. 对用户进行回访

a. 在回访的 100 个随机抽样的用户中，27% 的用户表示产品与自己的需求不符；48% 表示产品还不错，愿意持续关注；25% 表示非常需要。

b. 在随机抽样的用户中，提及现场太吵闹、听不清楚广播在说什么的占 30%，且这是抱怨最多的内容。另外，75% 的用户认为，产品目前的价格可以接受，比较合理。

2. 对物料和产品进行盘点

第三步：得失分析

本次影响销售的关键因素可能包括：

1. 产品与用户需求的匹配度；

2. 产品促销方案和价格因素；

3. 销售现场的氛围和造势（合作方的现场支持）。

基于以上内容，我个人有如下想法。

1. 25% 的用户觉得非常需要我们的产品，这个比例有点儿低。但是，现在很难对产品与用户需求的匹配度下结论。因为目前宣传册发放率较低，不能确定有多少人了解这个产品。所以，我建议对已经购买的用户继续调研，进行用户画像勾勒，提炼购买原因。

2. 收款环节没有后备解决方案是个流程管理漏洞。风险管理方案中没有相应的预案，所以导致了混乱，对销售造成了一定的负面影响。

3. 75% 的用户认为价格可以接受，因此可以初步排除产品促销方案和价格因素对销售量的影响。建议下次保持这个价格。

待办事项

1. 继续进行用户调研，拟定访谈提纲。

2. 优化活动管理的风险管控，补充收款预案，并重新盘点所有的销售关键环节是否都有 B 计划。

3. 和合作伙伴复盘现场的活动策划范围，对活动的设计以及节目安排进行调整。

4. 30% 的用户抱怨现场的销售氛围。这是一个值得进一步讨论的问题。理论上不应该出现这样的反馈。

第四步：总结提炼

1. 需要保持：当前的产品促销方案和价格；

2. 需要调整：现场的活动策划方案。

对比小 B 的两份复盘资料，你会发现，如果回忆起的细节更多，分析出的问题以及改进和提升的方向就会跟着发生变化。这也是我强调团队成员不要偷懒，把该获取的信息都准备好后再开始复盘的原因。

敲黑板

信息输入的多少将直接决定最终的复盘质量。

我强烈建议你在复盘时，不要一头扎进分析和结论，而是先好好回忆一遍，在这个项目或活动中从头到尾到底发生了什么。这些客观事实是帮助我们提炼出“美味佳肴”的关键“食材”。

当你做到有意识地用正确的姿势和方法去复盘，并且愿意认真地盘点所有相关的信息时，你的复盘质量就已经有一个基础保障了。

然而，一桌美食不能单靠食材充足，还需要有大厨的厨艺才能将食材加工成美味佳肴。关键信息的大量呈现虽然提供了分析的素材，但是如果没有良好的分析姿势、思考方法，复盘反而会被信息淹没，而这正是段位四与段位五之间的差距。

段位五：有意识，有方法，有信息，有深度思考

最高段位的复盘是有深度思考并能挖出有价值的结论的。

举个例子。在小 B 优化后的复盘资料中有一个结论（个人想法）是：“收款环节没有后备解决方案是个流程管理漏洞。风险管理方案中没有相应的预案，所以导致了混乱，对销售造成了一定的负面影响。”

下面是一段针对这一结论的追问。

问：“结论中说，收款环节对销售产生了一定的负面影响，这是怎么得出来的？”

答：“场面很混乱，队伍又很长。有人想结账但知难而退了，直接减少了销售额。”

问：“为什么场面乱，队伍长，大家都不愿意买了？”

答：“因为没必要花这么长的时间排队吧？又不是必须买的。顾

客如果有急事就先走了。”

问：“哦。那有多少人放弃排队了？有多少人留下了？”

答：“没统计。我估计也就 30% 留下了？”

问：“嗯，他们有什么特点吗？”

答：“基本上人均购买了 3 份吧。还有人一下子买了 10 份。”

问：“为什么有的人一下子买了那么多？”

答：“好不容易排一次队，觉得价格划算，就多买一些了。”

问：“OK。那我可不可以这么理解：那些愿意排队的，是更认可产品或者更有诉求的人，他们购买时的状态大概率是不赶时间，还有一点贪图便宜的想法？”

答：“对的。”

问：“那我们可不可以在下次做这个活动的时候，针对愿意花时间排队的人安排独立的志愿者直接去一对一沟通，介绍我们的活动和产品？这样做一方面可以减少他们等候时的焦虑，另一方面或许可以增加单人购买的数量。”

你看，当我们对获取到的信息进行追问和分析后，可能会有意想不到的发现。如果不做深挖，我们可能就止步于对收款环节的预案管理上。但是把这一结论作为一个切入点进行追问，可能就会帮助我们发现顾客的一些行为画像，从而发现一个增收的新方法——针对愿意排队购买的顾客进行二次推销，从而增加销量。

是否作出深度思考的关键在于，你是只停留在所获取的信息的表面去下结论，还是通过一些特殊的思考路径或者分析方法，尝试找到现象背后更有价值的结论。如果你对这个技能很感兴趣，可以关注第 5 章有关得失分析的具体实操方法。

到此为止，我为你介绍了复盘的 5 个段位。为了便于理解，我总结出了一个表格（见表 2-3）供你参考和比对。

表 2-3　复盘的 5 个段位

段位	有认真复盘的意识	有复盘方法	有足够的复盘信息	有深度思考
段位一	✘	✘	✘	✘
段位二	✓	✘	✘	✘
段位三	✓	✓	✘	✘
段位四	✓	✓	✓	✘
段位五	✓	✓	✓	✓

本章小结

本章主要讲解了什么是团队复盘法，市面上有哪些主要的复盘方法，以及判断复盘好坏的 5 个段位。与其他的复盘方法相比，团队复盘法更加简明扼要地提炼出了复盘的关键和核心。它的 4 个步骤全面地体现了一个复盘的闭环。你可以根据所讲的复盘的 5 个段位来评估自己目前所处的复盘水平，并通过反复地练习、实践，不断精进。

本章知识点思维导图

- 第2章　团队复盘法简介
  - 团队复盘法是什么
    - 成败认定
    - 场景还原
    - 得失分析
    - 总结提炼
  - 不同的复盘方法
    - 老王：团队复盘法
    - 邱昭良：复盘四大阶段
    - 沈磊：复盘五大步骤
    - 陈中：复盘6个步骤
  - 复盘的5个段位
    - 段位一：缺乏认真复盘的意识
    - 段位二：有复盘意识，但缺复盘方法
    - 段位三：有意识，有方法，但缺信息
    - 段位四：有意识，有方法，有信息，但缺深度思考
    - 段位五：有意识，有方法，有信息，有深度思考

第二部分

方法篇

从本部分开始，我们将正式学习团队复盘法。在接下来的第 3 章 ~ 第 6 章中，我将带着你详细了解成败认定、场景还原、得失分析、总结提炼这 4 个步骤（环节）的具体内容。你将在以下几个方面有所收获。

1. 理解价值：每一步的具体内容是什么？如何理解每一步在复盘中的重要意义和价值？
2. 建立审美：每一步做得好与不好的差别在哪里？
3. 积极避坑：复盘过程中常见的难点和问题有哪些？我们如何解决和避免？
4. 学会应用：通过案例做细致讲解和分析，为你提供“拿来就用”的工具箱。

第 3 章

团队复盘法第一步：成败认定

成败认定是复盘的第一步。成败认定是指，回顾目标并评估目标的达成情况。你可能会觉得：这很简单呀，不就是看看一个事情干得好不好嘛。好，请你跟着我的节奏，完成以下内容的填写。

回忆你最近完成的一项重要工作，并写在下面的横线上：

____

____

请描述这项工作的目标是什么、完成目标的具体标准是什么：

____

____

请评估你完成目标的情况（低于预期、符合预期、超过预期）：

____

____

这项工作还有哪些参与人（参与决策、参与执行、提供资源支持等的参与人都算在内）？请罗列他们的名字：

____

____

请描述这项工作对于其他每个参与人来说，目标是什么、完成目标的标准是什么：

____

____

请评估对于这些参与人来说，他们自己完成目标的情况（低于预期、符合预期、超过预期）：

____

____

怎么样，信息都填上了吗？你对自己填写的内容的正确性有多少信心？如果将同样的问题发给你所填写的这些参与人，他们填写的结果会跟你一样吗？有百分之多少的内容会是一样的？你可以将问题发给你的小伙伴，让他们写一写，与你的答案对比下。

现在再请你回忆下，开始下笔填写以上内容时，你是觉得有点儿烧脑，难以下手去写，还是信手拈来、奋笔疾书？

根据我们的观察，大部分的职场人都是在盲目地执行工作，没有真正意识到手上的工作的目标到底是什么。所以，我总忍不住鼓励大家：不要总是低头赶路，也要偶尔抬头看路。不论做什么事情，我们不要只是想着做完它就万事大吉了，而是要经常想想："我为什么这样做，我向这个方向走对不对，我到底要走向哪里。"

敲黑板

不要总是低头赶路，也要偶尔抬头看路。

下面，我们详细看看成败认定这一步到底是怎么做的。

预热思考题

对于要复盘的主题，你是否设置过明确的目标呢？

如果没有设置过目标，或者对于团队成员来说目标是模糊的，要如何进行复盘呢？

3.1　成败认定的前提：梳理目标

复盘需要基点，而目标就是复盘的基点。只有知道目标是什么，复盘才有了继续的方向。因此，无论你看哪个版本的复盘方法论，复盘的主旋律都是围绕目标的。

然而，不少人对于目标本身就有误解，因此本节将带着你重新理解目标，并示范如何写目标。

3.1.1 重新理解目标

在你眼中，目标更像图 3-1 中的哪一幅图呢？选择你认为最能代表你的答案的图形。

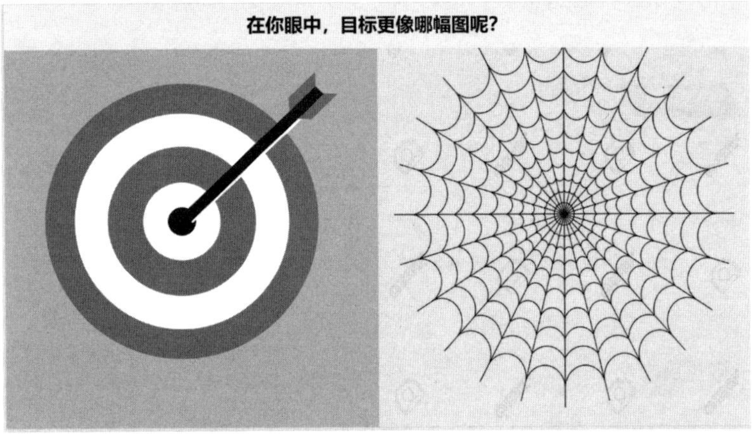

图 3-1

如果你选择了左图，请认真阅读本节的内容。如果你选择了右图，你可以跳过本节内容。

左图与右图这两个关于目标的呈现，最大的差别在于它们对目标理解的厚度和完整度不同。真正的好目标，一定是包含了 4 个关键动作的：给方向、量差距、找路径、求共识。

1. 给方向

每个人、每个团队，在任何时间都可以有 N 个选择。但是一旦可选择的方向多了，就容易迷茫、陷入混乱。因此，我们需要目标来帮我们聚焦方向、关注重点。

那么什么是给方向？简单来说，就是此时此刻，我们要优先干什么。优先干的就是在面对大量选项时，从中筛选出来的排名最靠前、最重要的事情。

比如，晚上 10 点饿了，你可以选择加一顿夜宵，也可以选择饿着，还可以选择立刻睡觉忘记饥饿。如果这时你的目标是保持健康、早睡早起，那么你就可以果断选择立刻睡觉忘记饥饿。如果没有这个目标，那很可能你会拿起手机下单，开心地叫一次外卖。

再比如，公司增速下滑，CEO 可以选择继续加大营销预算以保持增速，也可以选择内部提效转型，关注利润提升。如果这时，公司的目标是在市场占有率达到 40% 后夯实内部管理基本功，那么此时你就可以基于当前的市场占有率来判断选择哪条路径。

方向决定了选择，为所有的决策提供了依据。因此，在复盘目标时，我们只有清晰地知道当时目标给出的方向是哪个方向，才能据此去复盘后来执行时我们的行动方向是否与之一致。

2. 量差距

有了方向自然就带来了差距，毕竟未来是要一步步走过去的。目标从出现的那一刻起，天然就自带了一种牵引力，拉着所有的资源，包括人力、物力冲向终点。差距是变化的来源，也是所有人工作动力和成长动力的来源（图 3-2）。

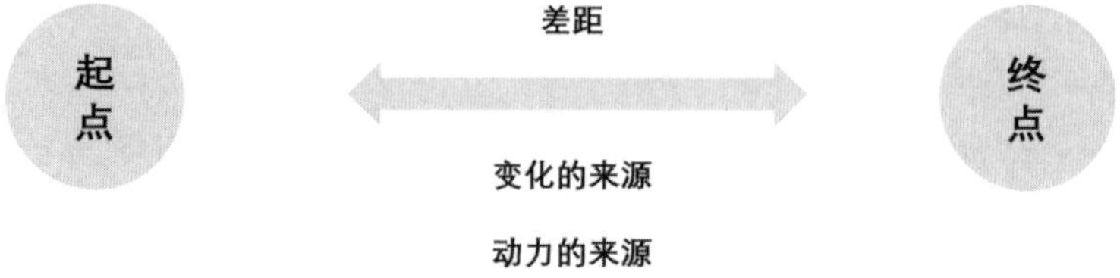

图 3-2

但是，如果差距不可以被量化，那么我们感知到的“差距感”就会降低很多。比如，你的领导说接下来必须大幅降低成本，这是一个工作方向没有错，但是它所代表的那个未来跟现在的差别是什么呢？

如果这时你的领导又加了一句：“这意味着接下来我们要 2 个人干 4 个人的活儿，出差的酒店住宿标准要从过去的每晚 800 元降低到每晚 500 元，并且不再有通信补助了。”这次，你是不是有更清晰的感觉了？

所以，好的目标都是在努力被量化的，这样做才能让所有人清晰地知道与终点的差距是什么。

小贴士

如果你在目标量化上存在难题，我建议你将友商的指标、自己的历史数据，以及行业内的最佳实践作为参考依据。你也可以报名参加我们的定目标课程，完整学习定目标的方法并获得全套工具箱。

3. 找路径

90% 的团队在定目标时基本上可以说清楚前 2 个要素：想要什么和 KPI 的要求是什么。然而，优秀的团队还会把目标的实现路径罗列出来。这一个简单的步骤就会让优秀团队的执行力直接翻倍。

就像你要开启一段自由行之旅，你知道自己要去三亚这个城市，有大概 2 万元的预算，但你不会就此停止思考了。你一定会做调研，看看哪家航空公司的机票便宜，什么时间飞，飞机落地后当天是否还有时间去景点。你还会计划第一天做什么，第二天做什么，了解哪些是必吃的，哪些是必玩的……有了以上这些信息，你才会踏上这趟旅程。

这种实现路径的拆解过程不仅可以帮助团队在方向上保持一致，而且在执行过程中有整齐划一的执行姿势。大家也更清楚这个目标要怎么一步一步走过去。

没讨论清楚怎么干的目标只是个虚幻的“梦”。很多团队的执行力差，或者越干越偏，归根结底就是因为没有拆解子目标、拆解过程目标。而团队的负责人还会天天抱怨，说员工每天总是在做错误的事情，天天需要自己救火。

事实上，一旦拆解了路径，团队就会像司机有了导航一样，按照语音播报的路径通过一个个红绿灯开过去，逐渐逼近目的地（图 3-3）。

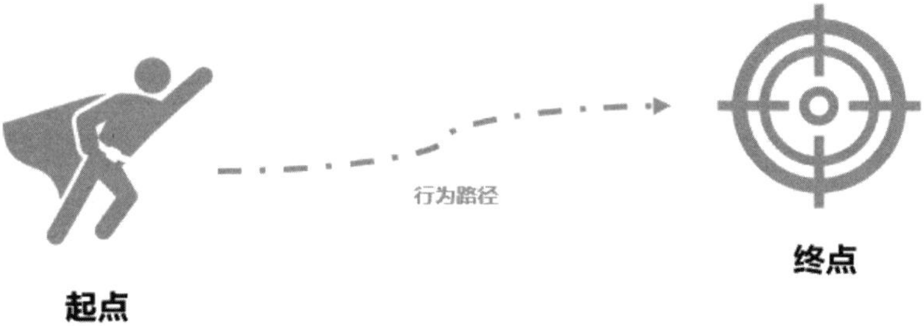

图 3-3

4. 求共识

最后，特别容易被忽视的一点是求共识。没有被所有人认可的目标天然缺乏方向和动力。企业里每天可能要做出大大小小几十个甚至几百个决策，团队成员是否都能遵从同一个方向，直接决定了公司的资源利用效率。如果方向分散，企业前进的整体动力就会被分散和削弱，而如果所有人都往同一个方向使劲儿，企业前进的车轮就会更加铿锵有力（图 3-4）。

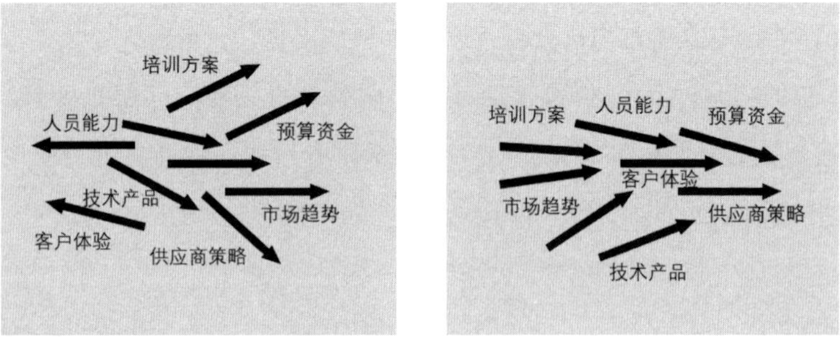

图 3-4

回到本章前面的选择题。图 3-1 中左边的靶心图只是呈现了一个好目标的方向感，但是目标绝对不是一个单点，也绝不是凭空飞过去就可以实现的。目标的内涵远比靶心图丰富得多。

更接近好目标的图形应该是图 3-5 中下方的网状图。这张网状图的中心提供了方向感，而类似同心圆上的各条路径都体现了明显的向心方向，且都有通向中心的路径。我希望你在阅读完这部分内容后，能够按照以上所讲的好目标的 4 个关键动作去做成败认定。

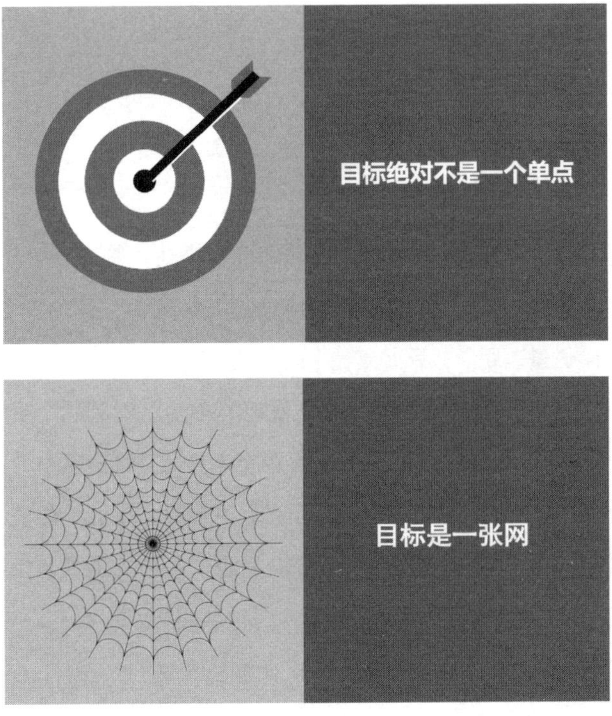

图　3-5

3.1.2 复盘时如何写目标

为了帮助你更好地理解目标可能长什么样子，这里给出 2 个案例（案例 3-1 和案例 3-2）供你参考和比对。请注意，这里对目标描述的程度就是在复盘的第一步成败认定中目标应该有的程度。

案例 3-1 某项目目标制定文档

项目目标：12 月 31 日前，实现粉丝净增长 1 万人。

关键路径："双十二"营销活动。

关键过程指标：宣传流量、活动预约量、活动到场总人数、现场加私域数、现场直接加粉数、私域转粉数。

案例 3-1 是一个较为简单的项目目标描述，基本包含了方向、量化要求，以及有关关键路径的信息。它实现了目标的 3 个要素，即给方向、量差距、找路径。

有了这样的目标描述后，在复盘时，你会一看到这个目标就快速回忆起：公司想拉粉丝，并选择了"双十二"营销这个大的年度活动作为主要抓手，以及你在执行这个项目时，你的工作流上都有哪些关键指标。在复盘时，团队可以围绕这些指标提供数据并进行讨论。

再看一个案例。

案例 3-2　某公司季度目标

季度目标：实现营收 1000 万元，利润率不得低于 15%。

子目标 1：完成 3 期线下大课，每期不得低于 100 人。

子目标 2：获客成本不高于 300 元 / 人。

关键路径：拓展线下大课招生渠道。

关键过程指标：新拓展的渠道数量、单渠道获客成本、单渠道转化率、单渠道退费率。

案例 3-2 是一家公司的季度目标。它比案例 3-1 的目标稍微复杂一些，因为这个目标还被拆解出了子目标。在复盘时，团队的关注点也因此增加了子目标是否实现这一维度。

如果你已经是管理者，一定要先重视每个项目开始时的目标制定环节。目标一开始制定得足够清晰，复盘时的基点才足够稳。和下级说清楚目标，并且基于目标做后续的管理是每一个管理者的职责。

如果你还不是管理者，你的目标是上级分派给你的，你也一定要积极与上级沟通，主动完成目标澄清的 4 个关键动作。特别是当你的上级并没有主动按照案例 3-2 所示的内容维度跟你说清楚时，你可以大胆追问。

小贴士

定目标时，很多团队会面临目标值不合理、下属不愿意“接”目标、缺乏平级团队共识等不同的问题，这些问题最终可能导致下级不干活、平级不合作、上级高期待的情况。如果你也有这些问题，可以关注我的视频号“JingYi 婧怡说管理”。

3.2 成败认定如何做

在弄清了目标长什么样之后，我们开始对目标进行成败认定。成败认定的关键是做好 3 件事情：回顾目标、评估目标的实现程度和确认本次复盘会的目标。

3.2.1 回顾目标

回顾目标是指每个复盘参与人回忆自己所理解的工作目标是什么，并通过罗列每个人写下的目标来对比所有参与人是不是有同样的复盘基点。

这个环节的价值是让所有人先就下面这个问题达成共识：这个项目或任务最初想实现什么？也就是说，先将所有人的大脑拉回到这个项目或任务开始前的时间点，并盘点每个参与人对项目或任务的理解是不是一开始就是一致的，或所有人是否有一致的目标。

为了避免歧义，此处再澄清下这里的“目标”是指什么。

- 如果复盘的是个任务，那就是这个任务的目标。
- 如果复盘的是个项目，那就是这个项目的目标。
- 如果复盘的是战略，那就是战略的目标。

具体的操作方法是，让每个参与人写下他（她）所理解的团队需要关注的整体项目目标，不同职能、不同团队和不同成员的子目标以及过程目标。而只有在制定目标时认真完成了制定目标的 4 个关键动作的团队才可以更轻松地完成上述工作。

小贴士

整体项目目标：参与项目的所有人的共同目标。

分层级的子目标、过程目标：将共同目标拆解到人 / 团队 / 关键节点，通常为实现路径中的关键节点目标。

一旦每个参与人把自己对目标的理解写了下来，团队成员就能一眼看到每个参与人的关注点的差异是在哪里了。

举个例子，3 个参与人在一份复盘文档上写下的目标如下。

A 写的目标：完成 50 个销售。

B 写的目标：提供 200 个线索。

C 写的目标：测试新的销售渠道线索量，测算新销售渠道的获客成本。

你看，同样是围绕销售的目标描述，有的人在盯渠道测试，有的人在盯销售渠道的线索量，还有的人在盯销售转化量。在这个阶段，最重要的事情到底是先确保销售渠道有线索，还是要先确保销售渠道有转化呢？获客成本是不是现在的第一优先指标呢？这 3 个人的目标，哪个目标是第一目标，哪个不是呢？

人们往往只能记住自己关心的事情，所以一个项目经过一段时间后，每个人记住的关键目标信息是不同的。这并不是参与人不想将目标刻意背下来，而是受到了多重因素的影响。因此，在复盘时帮助大家重新回顾目标，彼此补充对目标的理解信息，是非常必要的环节。

具体操作时，为了避免相互打扰、最大程度还原每个人的真实理解，我通常建议团队采用便利贴或者协同文档的方式，先让参与人分别独立写下自己认为的目标，然后拿着所有人的答案进行比对，看看每个参与人的理解是否一致。

小贴士

回顾目标时，可以先让参与人分别写下对目标的描述。如果是线下复盘会，可以让参与人利用便利贴先各自写好，然后将其贴在一张大白纸上逐一比对。如果是线上复盘会，可以使用协同文档让参与人各自填写。

【工具箱】使用下面的模板可以让你的团队成员写下他们所理解的目标

参考模板

请回忆并写下你所理解的目标。

参与人 1：XXX

目标 1：XXX，关键指标要求 XX%

子目标 1：XXX，关键指标要求 XX%

目标 2：XXX，关键指标要求 XX%

子目标 1：XXX，关键指标要求 XX%

填写小提醒：目标通常有两类描述方式。

1. **使用量化的值**：如转化率、销售额、客户满意度、参与人数、项目天数、成本等。
2. **使用状态描述**：如完成对竞争对手的调研、践行使命和愿景、完成用户需求报告等。

3.2.2　评估目标的实现程度

评估目标的实现程度是指，每个参与人对所罗列的目标是否实现、实现的程度进行评估和判断的过程。

我同样建议每个参与人独立填写，然后再安排所有人彼此比对答案。

小贴士

在这个环节，有3种比较常用的评估和判断目标是否达成的打分标准。你可以根据自己的需要来选择应用。

- 打分制：例如使用5分制。5分代表超预期实现；4分代表完全实现预期；3分代表基本实现预期，略有差距；2分代表大部分预期没有实现；1分代表彻底失败。
- 主观判断法：超过预期、符合预期、低于预期。
- KPI数据评估法：记录实际的数据完成情况，直接比对规定的指标，看看是否达到。

这项工作并不容易，因为我们每个人对同一个事物的认知和评价往往是不同的。我们对同一个事物的判断会受到很多历史经验和背景信息的影响，特别是当我们需要进行主观打分时，通常会出现3类典型的评估难题。

1. 数据感知差距：这是指当有明确的定量指标时，我们直接根据数值进行判断而产生的感知差异。比如，目标销售额为100万元，实际完成110万元。员工A可能会认为已经超额完成目标，表现相当优秀了；而员工B可能会认为目标是完成了，但是还可以做得更好。两个人的判断背后其实是对这个结果的预期差距，而这就是基于数据或数字产生的感知差距。

避免这种感知差距的办法就是让评价标准尽量简单，用 3 档来判断即可——超过预期、符合预期、低于预期。

2. 主观感受差距：主观感受是指对于不可量化的事物的主观判断，通常是指执行人员、客户或者参与人对一个项目好坏的主观感受或反馈。比如，同一个线下沙龙活动，有的人觉得收获满满，有的人觉得活动内容太浅。这种感受差距带来了判断差距，这在项目复盘中是不可避免的。一旦发生，没有必要争得脸红脖子粗。相反，这可以是后续复盘分析中很有价值的一个议题，通过深入讨论可以挖掘出每个人不同的做事标准。

3. 认知差距：这是指参与复盘的各方人员对于目标的描述和理解产生的明显的视角差异。比如，项目经理认为项目目标是实现营收，项目成员 A 认为项目目标是守住项目预算，而项目成员 B 认为是“攻克”2 个大客户。可能会存在这样一种情况：成员 A 认为自己守住了项目预算，但是项目经理的营收目标因为成员 B 没有拿下大客户所以没有实现，于是项目经理认为项目没有达成预期的目标。那么这时该怎么办呢？我建议也定一个规则：比如以大目标或项目的主要目标是否实现作为判断标准。

为了你实操方便，我整理了“表 3-1 评估目标实现程度的难题与解法概览”，供你参考使用。

表 3-1　评估目标实现程度的难题与解法概览

类　型	解　释	举　例	解　法
数据感知差距	直接根据定量指标的实现情况进行判断而产生的感知差异	营收、留存、日活、单用户价值等	用最简单的 3 个档位统一判断标准
主观感受差距	对于不可量化的事物的主观感受和反馈存在差异	用户反馈和评论、参与人主观体感调研报告 / 问卷调查等	记录差异点，后面继续深挖
认知差距	由不同层级、不同认知基础导致，对同一个项目目标的描述和理解存在视角差异	项目最重要的大目标、过程目标、子目标、不同职能的目标	以项目的主要目标作为判断标准；子目标单独判断

不过，你也不用过于担心评估标准或判断标准不对齐可能会带来的争吵。实际上，之所以在复盘时需要把目标清晰地写下来，并且刻意地比对参与人在理解上的差异，是因为这种做法是有重要价值的。

- 它让所有人自己发现，原来自己看待目标的视角不一定是全面的。
- 它让所有人自己发现，原来别人评估或判断的标准与自己的不同，自己的标准可能是错的。

上述差异，为后续的讨论和复盘提供了基点。

现在，请你看看案例 3-3。面对案例中的情况，你知道要如何做吗？

案例 3-3

假设你的团队中有人觉得整个项目指标达成了，项目是成功的，即使其中某个子指标很“拉胯”，也不觉得是个大问题。但是有人觉得整体指标虽然达成了，但是实现路径完全偏了，并不能很好地推动下一步工作的开展，还给公司带来了风险。这时，你该怎么办？

你可以在下面写下你的观点。

参考答案

这两类人对于项目目标的评估标准是不同的。这时，我们就需要拉着所有参与人回顾一下项目目标当时是基于什么背景设定的，以及项目的第一目标到底是完成 KPI，还是测试某条路径的有效性。

小贴士

有时候，我们非常容易只盯着 KPI，而忘记为什么把 KPI 立在那里。借着成败认定这个环节，与所有人澄清项目初衷，是难得的统一思想的良机。

3.2.3 确认本次复盘会的目标

在完成前 2 步之后先不要着急进行团队复盘法的下一步，因为每一次复盘会都需要一个独立的目标。

敲黑板

一次复盘很难面面俱到。

在每次复盘的过程中，总有一些内容是我们要重点关注的，而有些是我们要放弃的。所以，在比对完所有参与人对于项目目标的理解和认知并达成共识后，团队接下来就可以开始讨论这次复盘会的主要讨论目标和方向了。

这里必须澄清，此目标（复盘会的目标）非彼目标（项目的目标）。不同于 3.2.1“回顾目标”中所说的项目目标，这里的复盘会目标主要是指，基于目标达成的情况，本次复盘中参与人要重点讨论什么议题、深挖什么信息、解决什么问题，以及讨论这些议题的顺序（议题优先级）是什么。

小贴士

确认复盘会目标时必须回答的问题如下。

- 今天的复盘会我们要重点讨论哪些议题？
- 今天的复盘会的议题优先级是什么？
- 今天的复盘会结束后，我们需要在哪些方面得出结论？

一般来说，复盘会的目标或讨论方向有两个大的类别：复盘决策和复盘执行。

复盘决策：一般是指针对战略和策略的复盘。比如为什么做这个项目或任务、目标是否合理等。

常见复盘目标

- 就决策是否正确、当初的判断是否合理达成共识；
- 梳理决策依据、讨论流程，形成科学的决策方法；
- 发现关键决策背后的关键假设，看到决策盲区；
- 形成关于决策的风险规避机制、纠错机制；
- 对齐高质量决策的标准；

……

常见复盘话题（具体的讨论方向）

- 我们当初是否应该做（承接）这个项目？为什么我们当初选择了它？
- 这个项目当初的营收目标是否合理？是否就此达成了共识？
- 当初规划或制定的项目 / 任务 / 战略 / 策略是否合理？
- 这个项目最初的预算、人力规划是如何做的？
- 下一次遇上同类型的客户，我们如何应对？

……

复盘执行：一般关注的是项目或任务执行得好与坏。比如，从执行过程中提炼最佳实践、为重大问题找解决方案等。

常见复盘目标

- 对齐项目成败的判断标准，建立复盘审美；
- 沉淀项目 / 活动流程的 SOP ；
- 定位关键环节的最佳实践，提炼和总结可复制的动作、行为，完善已有的 SOP ；
- 发现出现问题 / 挑战的原因，讨论避免方法或应对措施；
- 形成关于项目 / 活动的完整工作方法、工作文档、管理机制；
- 找到下一次做项目 / 活动的关键假设；
- 明确改进和提升的方向和任务；

……

常见复盘话题（具体的讨论方向）

- 提炼本次项目 / 活动的客群画像；
- 总结本次客群画像的有效触达方式；
- 梳理项目 / 活动全流程关键动作和易出问题的节点；
- 盘点项目 / 活动资源需求以及供应商管理重点事项；
- 明确下一次活动的邀约渠道清单；

……

通常，团队负责人或者复盘主题的发起人需要对复盘方向进行确认。一般来说，如果一个项目存在决策和执行两个复盘方向，我会建议优先复盘决策。一个项目执行得再漂亮，但是如果所做的事情不是这个阶段必须做的，那么对团队和公司来说都会产生资源的浪费。因此，决策正确永远是第一位的。团队可以一起复盘决策，来提升做正确决策的能力。

此外，在确认好复盘的大方向后，最好再进一步追问：在这个方向下，哪些主题值得重点关注？回答这个问题的关键是，要清楚哪些内容下次可复用。凡是可复用的，花时间深度复盘和理解才是更有价值的。

小贴士

在制定复盘会目标时，判断复盘优先级的标准一般是：

复盘决策 > 复盘执行；

下次可复用事件 > 单次独立事件。

在实际操作过程中，你可以使用下面的成败认定模板进行信息收集，完成成败认定这一步的复盘讨论。

【工具箱】成败认定模板

填写提示

请回忆并写下你所理解的目标，评估目标达成的情况，并给出相应的理由。

目标达成情况的评估标准：超过预期、符合预期、低于预期。

参与人 1：XXX

目标 1：XXX

达成情况：符合预期

判断理由：1. XXX

2. XXX

3. XXX

参与人 2：XXX

目标 1：XXX

达成情况：符合预期

判断理由：1. XXX

2. XXX

3. XXX

综上，我们在成败认定环节得到的结论如下。

1. 我们共同认为完成的目标是：______________________

2. 我们对是否达成目标存在争议，争议是：___________________

3. 本次复盘会的重点方向和议题是：______________________

3.3 成败认定在复盘中的意义和价值

至此，我们了解了什么是好目标以及围绕目标进行成败认定时具体要怎么做。最后，总结一下成败认定在整个复盘中的意义和价值。

在我看来，成败认定是整个复盘的基石。只有大家清晰地呈现了自己所理解的目标、晒出了自己判断目标的标准，我们才有一个良好的起点，不至于在后面讨论时发生“大家讨论的不是一个事情”的问题。因此，成败认定对于整个复盘和整个团队来说，最重要的意义和价值就是“达成目标共识”。

敲黑板

成败认定的意义和价值是让团队达成目标共识。

复盘本身是构建共识的一个关键场景，而复盘的第一步“成败认定”就是构建共识的第一步。

除了达成共识以外，成败认定环节还明确了本次复盘会的方向和目标，为后续的信息收集、讨论方向提供了参考依据，可避免浪费时间。

3.4　常见问题和难点

在我平时授课的过程中，很多学员都觉得这一步太简单了，恨不得让我加快节奏，赶快讲后面的内容。但是，看上去最简单的成败认定环节，其实在实操过程中是最容易“踩坑”的一个环节。

为了帮助你更好地避坑，我梳理了成败认定环节最常出现的问题和解法。本节的最后还为你提供了一个工具箱“成败认定避坑清单”，供你做自我避坑的检查。

1. 没有目标或目标不清晰时如何复盘

在实操中，团队遇上的最头痛的问题就是，如何复盘没有定过目标的项目。确实，如果团队没有详细地讨论过项目目标就开始做了，这本身意味着存在项目管理失误。但是，复盘依然可以做。

前面介绍过，成败认定的第一步是让参与人回顾目标，建议的操作方式是每个参与人各自撰写所理解的目标。这个方式也适用于没有目标或目标不清晰的情况。此时，你只需要换个话术就可以轻松完成一次目标生成和目标对齐的对话。

小贴士

将话术“请回忆并写下你所理解的目标”改成“请写下你所认为的项目目标”。

参考模板

请（根据自己对项目的理解）写下你所认为的项目目标。

参与人 1: XXX

目标 1: XXX，关键指标要求 XX%

子目标 1: XXX，关键指标要求 XX%

目标 2: XXX，关键指标要求 XX%

子目标 1: XXX，关键指标要求 XX%

对于目标不清晰的团队，难点并不是让参与人重新撰写目标，而是根据每个参与人写出的目标发现他们的理解差异。这需要复盘的主导人对于文字背后的视角差异、关注点差异足够敏感。

比如，项目经理说这次的目标是训练营获客 300 人。负责营销的人会关注公域投放获客数据，负责运营的人会关注私域运营获客数据。假设负责营销的人认为自己的目标是获客 80 人，负责运营的人要获客 220 人。但负责运营的人对目标的想法恰好是反过来的：认为自己的团队获客 80 人就可以了，负责营销的人要获客 220 人。这时就出现了目标不清晰的问题，因为参与人只对齐了整体项目目标 300 人（一级 KPI），但是对于各自的子目标（二级 KPI）并没有清晰地拆解和确认。到底是公域获客优先还是私域获客优先需要进一步澄清。遇上这种情况，解法就是由项目经理进行澄清，拉齐所有人在各自目标以及子目标优先级上的理解。

所以，项目一开始没有定目标不是大问题，关键是在复盘的时候让大家把想法显性化，最终拉齐对工作的认知和理解。

2. 上级自己也没想清楚时如何复盘

你有没有过这种困惑：接到了一个项目，但并不知道为什么要现在做，其重要性是什么？然而，上级压着你必须去完成，你多次与上级沟通，说这个项目可能会出问题，其结果也不一定好。但是上级并不理会，依然要求你坚决执行。在迷茫和困惑中，你硬着头皮完成了任务，但是最后和你想的一样——没有什么好结果。上级非常恼火，认为你执行不到位。你很委屈，认为决策本身就有问题……

我过去在企业中工作时也经常面临这个问题，后来为不少公司做复盘时也会遇上这种情况。那么这时该怎么办呢？总不能让老板跪在团队面前痛哭流涕，说自己错了，自己决策失误了吧？但是，也不能黑不提白不提就这么过去了。

复盘的目的不是让某个人痛改前非，复盘是“对事不对人”的。也就是说，在这种情况下，参与人最好调整姿势，**把“错误都是老板的”变成“我们想要的结果是什么”。**因此，此时的成败认定环节，依然可以让所有人一起回顾目标，一起评估目标的完成情况。复盘会也可以关注：“我们当初为什么做这个项目？现在已经达成的目标是否满足了当初的诉求？”

当然，如果你的团队文化很开放，团队成员都勇于认错，且愿意公开讨论决策流程中发生了哪些事情，那么，也可以直接复盘决策，回答“这个项目当时是否应该发起？”“决定做这个项目的核心逻辑是什么？”这类问题。

上述两种情况的最大差异是，前者是基于当前事件试图讨论发生了什么，讨论基调以还原事实为主，且讨论过程与执行方更相关，同时会触发决策人的反思；后者则直接针对决策过程做复盘，也就是不仅要还原决策流程，还要还原决策逻辑，分析和挖掘那些影响下次决策质量的因素，其目的是对决策思维、决策链路进行全维度扫描，而讨论的结果直指决策层。

第二种情况及相关解法虽然价值更大，但是很多场合可能并不适宜，所以第一种基于事实的复盘应用更广泛，也更常见。具体如何选，每个团队可以根据实际情况自行决定。

3. 整体目标实现了，但是子目标没实现时如何复盘

如果一个项目既有整体目标，又有分部门、分团队的子目标，那应该怎么判断是不是完成了目标呢？这里，**我给你一个判断原则：目标分层判断。**成败认定是依据整体目标是否完成进行判断的，而子目标对整体项目的成败认定不构成任何影响。

我们举个例子。

整体目标：实现训练营获客 30 人

实际完成情况：整体获客 45 人（超过预期）

子目标：在抖音挂车销售，实现单场直播销售 10 单

实际完成情况：单场直播销售 8 单（低于预期）

结论：训练营获客目标完成，认定为超预期完成，建议复盘时关注可以下次复用的活动渠道、话术和流程。但是抖音挂车销售量低于预期，建议复盘时关注抖音直播策略以及卖货流程，明确造成低于预期的原因是渠道选择问题还是执行问题。

目标分层判断和成败认定的方法让我们可以更加清晰地聚焦复盘的议题。目标值达到的，说明做得还不错，可以尝试提炼最佳实践；而对于有致命问题的，则应该重点去挖掘原因，找到解法。

4. 如果每个人对目标的认知总是不一致怎么办

在复盘实践中，如果你发现参与人对目标的描述、考核指标的定量数据要求等总是无法达成一致意见，且这种情况发生在多个项目中，那么我建议你重新审视团队定目标的能力。这本质上是因为定项目目标的环节出现了问题。

你和团队成员可以重新认真学一遍如何生成目标并达成目标共识的技能，也可以用下面的定目标自检清单进行检查，用工具辅助你拉齐所有人对目标的认知。

【工具箱】定目标自检清单

- ☐ 你的目标是否与上级、平级、下级讨论过？
- ☐ 是否拆分了一级目标、二级目标？
- ☐ 是否澄清了不同目标之间的优先级？
- ☐ 是否设置了明确的 KPI，包含考核的指标名称和定量数据要求？
- ☐ 目标的描述是否足够具体，是否有执行的关键路径，一看便知道要做什么事情？
- ☐ 是否让所有参与人在目标理解和评估指标上达成了共识？
- ☐ 是否有文字记录？
- ☐ 所有人是否可以经常看到用文字记录的目标？

此外，想让所有参与人保持对目标的关注需要管理者在日常工作中反复提醒、不断重复。比如，在启动项目时、阶段性复盘时、在周会上或者周报中，需要反复提醒团队成员目标是什么。管理者还应始终要求所有人在发起新项目的时候进行刻意训练，让自己有意识地与团队澄清目标、确认目标。

5. 对目标理解得都对，但执行时的动作跟目标不一致时如何复盘

我有一个客户在带团队做复盘时遇上了“对目标理解得都对，但执行时的动作跟目标不一致”的问题。当时，这个客户接了一个新的需求并因此签了一个不错的单子。公司 CEO 对内的定调是：“我们可能发现了一个新的商业模式。在交付这个项目的同时，我们的重点是探索这个新模式的可复制性。”因为单子的金额很大，所有参与人都非常兴奋地推进这个项目的执行工作，也非常有干劲儿。

复盘的时候，当 CEO 和核心团队写下的目标是“探索新方向的可行性”时，很多人拍起了大腿，瞬间发现自己之前的执行动作偏了。因为这个团队当时做项目做得特别起劲儿，每天都是在优先考虑怎么交付，没有人对这个需求的可复制性、交付流程的可复制性做思考。在团队成员的潜意识里，尽快把项目交付了，拿到落袋为安的钞票是最重要的，而这就是典型的“对目标理解得都对，但执行时的动作跟目标不一致”的情况。

这种情况其实很常见。我们每个人工作时都会有惯性。有些目标即使我们知道且记得，但是要想做到知行合一、坚定不移地贯彻落实是需要很强的自我控制，或者通过外在反馈进行跟进来共同保证的。那么复盘时遇上这种情况怎么办？你可以在复盘的成败认定环节结束时像下面所写的这样记录。

目标 1：探索新方向的可行性

达成情况：低于预期

判断理由：未在工作中进行用户需求的深度挖掘；没有对用户特征进行提炼，并做同类用户的需求调研，以判断需求的广泛性、刚需性。

目标 2：完成对客户 A 的交付，实现 280 万元的营收

达成情况：符合预期

判断理由：按时且保证质量地完成交付，客户已支付尾款，280 万元在 4 个月内到账。

综上，我们在成败认定环节得到的结论如下。

1. 我们共同认为完成的目标是：完成对客户 A 的交付，实现 280 万元的营收。
2. 我们没有完成的目标是：探索新方向的可行性。
3. 本次复盘会的重点方向和议题是：如何让更多的像客户 A 一样的客户找到我们，以及如何促进成单。

这样的呈现方式，可以让所有人清楚地看到，团队做到了对客户 A 的交付，但是同时，没有做到对新方向的探索。

虽然没有做到对新方向的探索，但是没有关系，团队可以利用这次复盘，把讨论的重点方向和议题聚焦在“如何让更多的像客户 A 一样的客户找到我们，以及如何促进成单”。这样，在后续的讨论中，参与人就可以汇总自己手上的信息，充分挖掘对客户 A 和其需求的理解，从而更好地分析出可能的潜在客户画像标签和产品诉求。

在讨论时，以下是可能的讨论方向和议题。

1. 客户 A 是怎么找到我们的？这种触达渠道是否可复制？

2. 客户 A 为什么愿意与我们合作？我们的优势与其他合作供应商相比，不同的地方是什么？这个（些）优势可持续吗？

3. 客户 A 有哪些特点？其诉求是什么？这些诉求在其他公司普遍存在吗？

4. 客户 A 对我们的解决方案满意吗？这次合作后，客户 A 对我们的评价是什么？客户 A 愿意再次合作吗？生意可持续吗？

5. 客户 A 会为我们推荐新的客户吗？

……

总之，如果你在执行时并没有对最开始制定的目标持续关注，那么在制定复盘目标时反而可以把这次复盘会作为一次讨论缺失议题的机会，补齐关于最初制定的目标的一些信息。

6. 复盘会没有重点，时间又长又没价值时如何做

有学员曾经对我说："老师，我们的复盘会经常聊着聊着就很发散，每次时间很长，讨论的内容也很多，但是结束的时候我也不知道收获是什么，感觉很浪费时间。"

敲黑板

任何会议都要有目标。复盘会也需要有复盘会的会议目标。

任何一次复盘会都不可能把所有人关心的所有问题都讨论一遍。议题太广就容易缺失足够多的信息和深度思考。而一个项目通常有大量的执行细节、大量的过程决策，有时项目的执行还会伴随各种人际关系的冲突。那么复盘什么、不复盘什么，就是我们在复盘会第一个阶段需要跟所有人澄清和确认的。我们如果跟着讨论的节奏自由游走，就会出现讨论了大量并不重要的事情，而最重要的事情可能完全没谈的情况。

小贴士

为了避免上述情况，给你几个建议。

- 千万不要对多个项目进行混合复盘。一次只选一个项目。
- 复盘的成败认定一共有 3 步：回顾目标、评估目标的实现程度、确认本次复盘会的目标。在执行第 3 步时，一定要在团队内达成充分共识，也就是对本次复盘会要重点讨论的核心议题达成共识，对这些议题的优先级达成共识。

以上是 6 个有关成败认定的常见问题。如果担心自己不小心踏入“雷区”，你可以使用下面的“成败认定避坑清单”作为自检工具。

【工具箱】成败认定避坑清单

☐ 是否带着团队回顾了目标？

☐ 是否让每个人陈述了自己对目标的理解，找到了团队认知差异点？

- ☐ 是否和团队对齐了整体目标、过程目标和子目标？
- ☐ 是否向团队澄清了目标原本的制定意图？
- ☐ 是否向团队澄清了目标的优先级？
- ☐ 是否澄清了目标的评估指标以及量化标准？
- ☐ 是否澄清了原本制定的目标实现路径？
- ☐ 是否和团队讨论了本次复盘会的目标及具体议题？

3.5　案例应用

下面，我们来看一个案例（案例 3-4）。你可以通过这个案例练一练，看看自己对成败认定这一步的掌握情况。

案例 3-4

请阅读以下案例，并以业务负责人的身份写一份成败认定的讨论结果。

假设你是一家电商企业的快消品业务负责人，你的团队刚刚完成“618 大促”的营销活动。你带领团队进行活动复盘。以下是 3 个核心团队成员的成败认定复盘文档，从中，你会得出什么结论呢？

电商企业“618 大促”营销活动复盘——成败认定

参与人 1：蓝天

目标：实现 A 品营收 2000 万元

达成情况：超过预期

判断理由：营收 2800 万元

参与人 2：白云
目标：实现 A 品营收 2000 万元，5 万+ 单，利润 >10%
达成情况：符合预期
判断理由：实际销售 10 万单，营收 2800 万元，2 项指标超额完成。产品和平台的联合促销活动效果超过预期，大大提高了公司的品牌曝光度和认知度，但是利润受到一定挤压。

参与人 3：草莓
目标：将 A 品打造为 XX 平台的品类爆款，向品类第一名冲刺
达成情况：符合预期
判断理由：产品和平台的联合促销活动效果超过预期，大大提高了公司的品牌曝光度和认知度。

你可以先自己思考，在成败认定环节得到的结论是什么。

1. 我们共同认为完成的目标是：______________________
2. 我们对是否达成目标存在争议，争议是：_____________
3. 本次复盘会的重点方向和议题是：________________

解题思路

1. 目标本身的描述是否完整：目标是否都有定量指标？如果没有，可以追问团队进行补充。

2. 3 个人对目标的描述不一致：有财务层面的整体目标，也有从品牌营销视角制定的目标。可以通过追问团队，澄清到底哪个是整体目标，哪个是子目标，从而拉齐所有人对整体目标、子目标、目标优先级的理解。
3. 营收、单量、利润、打造爆款这 4 个目标的优先级是什么？整个项目最重要的目标是哪个？
4. 我们是否就目标实现的关键路径达成了共识？
5. 对于目标达成的标准，每个人是如何判断的？应该如何判断？

工具箱

1. 成败认定模板

适用于各种复盘场景和复盘类型。

优点：可以清晰地看到所有人对目标的理解。

缺点：内容较多，需要很强的分析能力和提炼总结能力。

建议：可作为处于成败认定环节的团队讨论时所用的模板。

填写提示

请回忆并写下你所理解的目标，评估目标达成的情况，并给出相应的理由。

目标达成情况的评估标准：超过预期、符合预期、低于预期。

参与人 1：XXX

目标 1：XXX

达成情况：符合预期

判断理由：1. XXX

2. XXX

3. XXX

参与人 2：XXX

目标 1：XXX

达成情况：符合预期

判断理由：1. XXX

2. XXX

3. XXX

综上，我们在成败认定环节得到的结论如下。

1. 我们共同认为完成的目标是：____________________

2. 我们对是否达成目标存在争议，争议是：____________________

3. 本次复盘会的重点方向和议题是：____________________

2. 成败认定表

“成败认定表（目标差距分析表）”（表 3-2）适用于各种复盘场景和复盘类型。

优点：清晰精简地呈现目标以及目标完成情况，可以基于完成情况对后续的讨论要点进行备注，且一张表能够概括所有的问题。

缺点：无法看到个体成员在理解目标上的差异性，且无法确定是否所有人达成了共识。

建议：可以作为成败认定的总结表格。

表 3-2　成败认定表（目标差距分析表）

编号	目标（整体目标、子目标、过程目标）	评估指标	目标值	实际完成值	完成情况判断（超过预期、符合预期、低于预期）	讨论要点备注

3. 常见的复盘目标列表

在讨论复盘会的目标时可参考使用以下内容。

复盘决策：一般是指针对战略和策略的复盘。比如为什么做这个项目或任务、目标是否合理等。

常见复盘目标

- 就决策是否正确、当初的判断是否合理达成共识；
- 梳理决策依据、讨论流程，形成科学的决策方法；
- 发现关键决策背后的关键假设，看到决策盲区；

- 形成关于决策的风险规避机制、纠错机制；
- 对齐高质量决策的标准；

……

常见复盘话题（具体的讨论方向）

- 我们当初是否应该做（承接）这个项目？为什么我们当初选择了它？
- 这个项目当初的营收目标是否合理？是否就此达成了共识？
- 当初规划或制定的项目 / 任务 / 战略 / 策略是否合理？
- 这个项目最初的预算、人力规划是如何做的？
- 下一次遇上同类型的客户，我们如何应对？

……

复盘执行：一般关注的是项目或任务执行得好与坏。比如，从执行过程中提炼最佳实践、为重大问题找解决方案等。

常见复盘目标

- 对齐项目成败的判断标准，建立复盘审美；
- 沉淀项目 / 活动流程的 SOP；
- 定位关键环节的最佳实践，提炼和总结可复制的动作、行为，完善已有的 SOP；
- 发现出现问题 / 挑战的原因，讨论避免方法或应对措施；

- 形成关于项目 / 活动的完整工作方法、工作文档、管理机制；
- 找到下一次做项目 / 活动的关键假设；
- 明确改进和提升的方向和任务；

……

常见复盘话题（具体的讨论方向）

- 提炼本次项目 / 活动的客群画像；
- 总结本次客群画像的有效触达方式；
- 梳理项目 / 活动全流程关键动作和易出问题的节点；
- 盘点项目 / 活动资源需求以及供应商管理重点事项；
- 明确下一次活动的邀约渠道清单；

……

4. 定目标自检清单

定目标是做每个项目的开端动作，且复盘是基于目标进行的。这份定目标自检清单可以帮助你较好地拉齐所有人对目标的认知。

☐ 你的目标是否与上级、平级、下级讨论过？

☐ 是否拆分了一级目标、二级目标？

☐ 是否澄清了不同目标之间的优先级？

☐ 是否设置了明确的 KPI，包含考核的指标名称和定量数据要求？

- □ 目标的描述是否足够具体，是否有执行的关键路径，一看便知道要做什么事情？
- □ 是否让所有参与人在目标理解和评估指标上达成了共识？
- □ 是否有文字记录？
- □ 所有人是否可以经常看到用文字记录的目标？

5. 成败认定避坑清单

这是基于成败认定环节的常见问题制作的清单，也是在这一环节进行相关讨论时的避坑指南。如果能够确定清单所列问题的答案均为“是”，那么说明复盘有了一个良好的信息基础。

- □ 是否带着团队回顾了目标？
- □ 是否让每个人陈述了自己对目标的理解，找到了团队认知差异点？
- □ 是否和团队对齐了整体目标、过程目标和子目标？
- □ 是否向团队澄清了目标原本的制定意图？
- □ 是否向团队澄清了目标的优先级？
- □ 是否澄清了目标的评估指标以及量化标准？
- □ 是否澄清了原本制定的目标实现路径？
- □ 是否和团队讨论了本次复盘会的目标及具体议题？

6. 团队讨论的关键问题清单

这一清单是复盘引导师和复盘负责人用来引导团队进行讨论的问题清单，其主要目的是促进团队加深对目标的理解，达成对复盘主要方向的共识。

- 项目的背景是什么？目标是什么？
- 当初项目的意图、目的或初衷是什么？
- 项目的整体目标、拆分的子目标分别是什么？大团队、小团队、个人的目标分别是什么？
- 所有参与人对目标的理解是否一致？对于目标的实现路径的理解是否一致？
- 对目标本身的描述是否清晰？
- 目标达成的标准是否有指标可以进行定量评估？具体的指标内容是什么？
- 对于同一个目标，不同的人是否有不同的评价标准？
- 目标的完成情况如何？实际结果如何？
- 哪些指标完成得较好？在哪些维度上有差距（比如 KPI、时间节点、人力资源使用情况、预算投入等）？
- 这次复盘会将围绕哪个（些）目标或指标的差距进行？
- 这次复盘会建议重点讨论的议题是什么？一定要在哪些方面得出结论？

本章小结

本章主要讲的是复盘的第一步成败认定如何做。做好这一步有以下 3 个关键步骤。

- 回顾目标：带着团队一起回顾目标，就项目或活动的目标是什么达成共识。
- 评估目标的实现程度：与团队就本次目标的完成情况（成功或失败）达成共识。
- 确认本次复盘会的目标：根据前两步的分析，共同确认本次复盘会要讨论的核心议题。

成败认定这一步的最佳实践是，保证目标描述足够完整。当目标的描述只有一句话，没有定量指标和实现路径时，大家会以为已经达成共识了，但其实并没有。而一个满分的成败认定，一定是所有参与人在整体目标、子目标、过程目标等各个层级的目标上，进行了细颗粒度的讨论并达成了共识。可以说，这一步本质上也是在考验团队写目标的基本功。

本章知识点思维导图

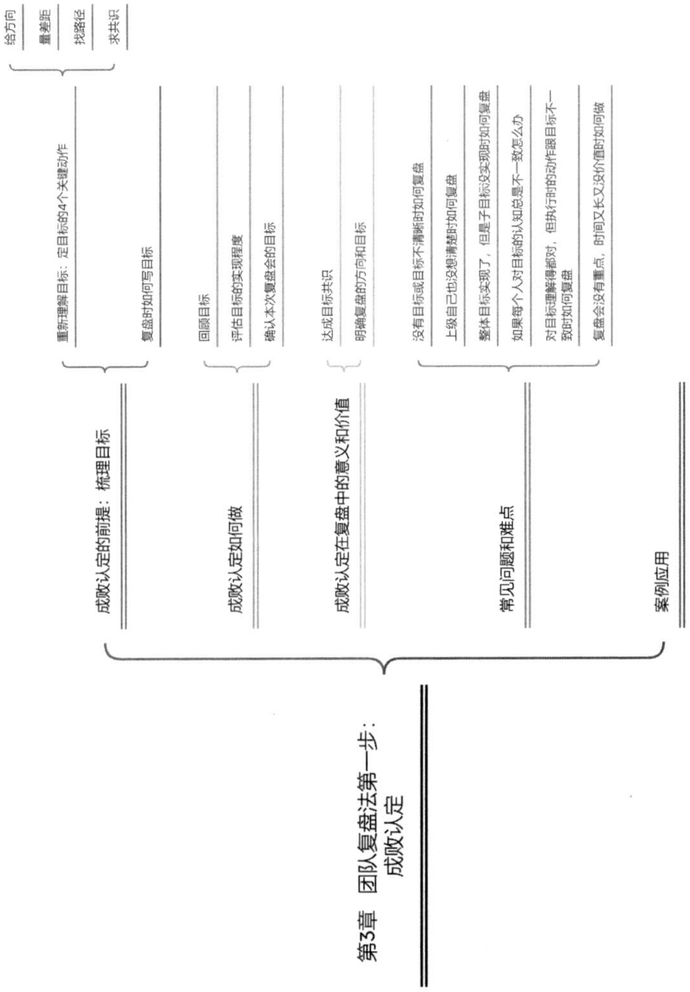
第3章 团队复盘法第一步：成败认定
成败认定的前提：梳理目标
重新理解目标：定目标的4个关键动作
给方向
量差距
找路径
求共识
复盘时如何写目标
成败认定如何做
回顾目标
评估目标的实现程度
确认本次复盘会的目标
成败认定在复盘中的意义和价值
达成目标共识
明确复盘的方向和目标
常见问题和难点
没有目标或目标不清晰时如何复盘
上级自己也没想清楚时如何复盘
整体目标实现了，但是子目标没实现时如何复盘
如果每个人对目标的认知总是不一致怎么办
对目标理解得都对，但执行时的动作跟目标不一致时如何复盘
复盘会没有重点，时间又长又没价值时如何做
案例应用

第 4 章

团队复盘法第二步：场景还原

4.1 场景还原在复盘中的价值

场景还原是复盘的第二步。最早在企业中流行的复盘方法是将场景还原与回顾目标放在一起，场景还原并非独立的一步。那么为什么现在主张将它拆出来，并作为一个关键步骤呢？

老王做决策时，曾经跟我们分享过一个他的决策公式：

高质量的决策 = 信息输入 × 算力

所有的决策都需要大量的信息输入。信息很难有“刚刚好”的清晰边界，所以信息输入有时可能是冗余的、超量的，但这又是必要的。多维度、多视角的信息有助于复盘分析更务实、更合理。

举个例子。去医院看病时，无论中医还是西医都会有问诊和检查的环节。病人坐在医生边上，接受医生的询问。通过了解病人身体出现的症状、生活作息、最近的饮食结构等不同维度的信息，医生会先获取一波信息，并根据这些信息给病人开仪器检查的单子，让病人配合检查以进一步收集信息。最后，当病人拿着所有的检查结果再来找医生时，医生才开始做分析和诊断，下结论并开药。如果没有走有关病情的信息收集流程，病人一来，医生就直接开药，那么病人肯定就慌了，开的药也不敢吃。

所以，信息量直接决定了决策质量。和医生看病一样，要想让复盘不是胡说八道，乱下结论，场景还原所涉及的信息数量和信息质量是非常重要的。

敲黑板

保证足够的信息输入，能为后续的高质量分析和深挖提供必要的原材料。

此外，场景还原这一步做得越充分，团队成员就越容易达成共识。

记得在一次复盘会上，一家企业的团队成员正在讨论有关季度目标实现的话题。这家企业当期的营收没达标，从现场的气氛可以看出，大家的矛头隐隐指向了销售团队。可销售团队的老大并没有慌，发言说："大家都知道这个季度初公司战略做了调整，公司决定砍掉高定制化服务类型的客户，主攻标准品客户。销售团队按照指示正在平稳过渡一些大客户的单子，同时全员重新调整触达策略、销售流程和销售话术。目前也在汰换一些更加符合新战略且成本更低的销售。只是这件事情的推进是需要时间的。目前的进度是符合时间规划表的，一切动作都在有序进行。请大家放心，销售额达不成，我们销售团队是最不开心的，连奖金都没有。但是销售团队必须要先在内部完成新策略的调整，才能重新出发。”

这段发言立刻让现场的人“清醒”了不少。毕竟，公司战略调整是事实，销售团队需要时间调整也是事实。但是，在这些信息没有被清晰地描述、表达并取得共识前，企业中的其他团队是非常容易对销售团队的能力指指点点，甚至无端指责的。

在我们的日常工作中，不少冲突的发生都是因为在对“同一件事情”进行讨论时，参与对话的双方以为在讨论同一件事情，而实际上是“鸡同鸭讲”——背景信息还没有对齐，就开始讨论对错。所以，所有复盘参与人一起回忆发生了什么、一起确认事情的细节，有助于让他们的头脑里出现的是同一个画面、同一件事情，从而在同一个频道上对话。

敲黑板

盘点经历、汇总客观事实，可以在作判断、下结论时为你带来笃定感。

当然，场景还原时的相关信息和数据一定要基于事实，不能瞎编乱造。复盘本身是为了能让所有人一起更好地了解发生了什么，从过去发生的事情中寻找可复用的知识。只有尊重客观事实，多人交叉验证的信息和数据，才可以被认定为是可靠的、被论证过的。下次需要的时候，你和团队才敢复用。

4.2 场景还原如何做

4.2.1 什么是“事实”，什么是“判断”

场景还原这一步有一个重要前提，就是**学会区分什么是“事实”，什么是“判断”。**

场景还原的关键是客观地呈现发生了什么，也就是提供事实，具体是指针对实际发生了什么的第三方视角描述或者数据描述。这些信息的呈现是不需要任何主观解读的。而一旦在信息上加上了自己的分析、理解、翻译，那就形成了一种“判断”。这类带有主观判断的信息要尽量避免。

【练一练】以下两个描述，哪一个是事实？哪一个是主观判断？

1. 这个项目的时间规划是用 15 人天完成开发，完成截止日期是 1 月 23 日。前端开发计划用时 5 人天，后端开发计划用时 10 人天。最终，前端开发如期完成，但是后端开发实际用时 15 人天，延期了 5 天。
2. 这个项目本来应该在 1 月 23 日完成全部开发，但是因为参与后端开发的小 A 同学对需求理解不足，导致项目整体完成时间延期了 5 天。

你看出区别了吗？第一个是关于事实的描述，没有任何主观判断。第二个描述则带有主观归因和主观分析。看完前者，你对于是什么导致项目延期的想法是没有受到干扰的，但是看完后者，你很可能下意识地去认定小 A 就是项目延期的原因。

描述上的小小差别，就会让我们对同一个事件产生不同的看法，所以我们一定要谨慎运用我们的语言，要用事实说话。

敲黑板

分清楚什么是“事实”，什么是“判断”，才能做好场景还原。

4.2.2　场景还原的 2 个姿势

根据不同的复盘目标或复盘方向，场景还原的姿势有 2 个路径。还记得在设置复盘目标时，有“复盘决策”和“复盘执行”这两种情况吗？相对应地，场景还原在复盘决策、复盘执行时的操作也会有微小的差别。下面将分别呈现复盘决策和复盘执行时场景还原如何做。

1. 复盘决策

通常来说，还原决策形成过程比还原执行过程更重要。还原决策形成过程的逻辑是，充分还原整个决策的形成过程。

复盘决策的关键是呈现决策链路，然后盘点和梳理决策链路上的每个关键节点的决策逻辑。较好的做法是，参与决策过程的人一起回忆：在什么情况下，根据哪些新的信息或者机会，我们决定了什么；当时如此决定，我们期待的是什么；我们为什么会相信这个决定可以实现这个期待。

敲黑板

复盘决策的关键是呈现决策链路，然后盘点和梳理决策链路上的每个关键节点的决策逻辑。

针对具体的还原方式，我为你提供了一个问题清单。

（1）按照决策时间线

- 这个决策我们讨论过几次？
- 每次分别是和谁讨论的？讨论的主题和结论是什么？
- 每次讨论的结论与之前的结论有什么不同？
- 在多次讨论中，我们先后遇上了哪些不同观点？最后听了谁的？为什么这么决定？

小提示：可以找出每次讨论的会议记录作为辅助材料。

（2）按照决策逻辑

- 这个决策的背景是什么？
- 当时推进工作的方向是什么？下一步想实现的是什么？
- 实现当时的想法，有哪几个不同选项？
- 就市场上的实践来看，有哪些最佳实践在当时可以参考或复用？

- 我们当时是如何看待这些最佳实践的？从中采用了什么？放弃了什么？
- 做这个决策时，我们考虑了哪些因素？考虑了哪些风险？
- 当时的决策有哪些关键假设？这些关键假设是否被验证过？
- 当时的决策有哪些隐含假设？我们当时是否意识到了？
- 当时的决策是否有人质疑？质疑的理由是什么？
- 对于质疑决策的理由，我们当时是如何解答和判断的？
- 当时的决策是否有数据支撑？有哪些数据支持？有哪些数据不支持？

小提示：可以找到会议记录、市场调研文档、日常工作文档或相关数据等作为辅助材料。

（3）按照决策方法或模型①

- PEST 分析法；
- 波特五力模型；
- SWOT 分析法；
- 安索夫矩阵（Ansoff Matrix）；
- 波士顿矩阵（BCG Matrix）；
- 波特价值链分析模型；
- 雷达图分析法；
- 内部 – 外部矩阵（Internal-External Matrix）。

① 很多公司在做决策的时候有自己的决策模型且大部分团队成员都已经习惯使用。此时，团队可以直接根据已有的模型复盘之前的讨论结论。本书不打算具体介绍每个决策模型，感兴趣的读者可以自行查阅相关材料。

在回忆决策逻辑时，要注意一个“坑”：一边回忆发生了什么，一边讨论当时做得对不对。为什么这是个坑呢？因为这个环节的重点是梳理决策过程中发生了什么，还不需要深入分析。如果还没搞清楚发生了什么就陷入细节讨论，是很容易错误归因的。

切记：每一步都扎实地完成，不要着急。这种深入分析的工作留给下一步“得失分析”去做。

2. 复盘执行

复盘执行，就是针对一个项目或活动是如何完成的进行梳理。具体来说，还原执行过程有两种方法。

方法一：按照时间顺序，还原从开始到结束整个项目发生了什么。

方法二：按照关键事件，梳理核心场景，围绕核心任务还原发生了什么。

下面，我们分别看看这两种方法具体是如何执行的。

（1）按照时间顺序

顾名思义，按照时间顺序还原就是对一件事情从开始到结束的整个过程中的每天、每小时甚至每分钟发生了什么进行梳理和罗列，从而较完整地还原一件事情的来龙去脉。

这种方法可以相对细致地帮助我们看到全局，对齐所有人对一件事情的理解和头脑中的画面。尤其当复盘是由多个跨部门团队成员参与时，彼此之间看到对方工作的时间线可以快速地补足信息差。

但是这种方法也有弊端：容易陷入细节，并且会占用大量的时间。因此，我通常建议，如果选择按照时间顺序进行还原，那么更高效的方式是让团队成员在参会前先各自花一些时间进行梳理，不要边讨论边梳理。

复盘执行时，大家可以使用“表 4-1 场景还原分析模板（按照时间顺序）”。

【工具箱】

表 4-1　场景还原分析模板（按照时间顺序）

执行时间	具体任务	做了哪些事	负责人	相关数据 & 情况描述	讨论要点备注

（2）按照关键事件

按照关键事件还原有 3 个方法。

第一，关键里程碑还原。这是指还原实现目标必须完成的工作。关键里程碑是一个项目、一个活动中的必要环节。如果没有这些环节，最终的目标是完全不可能完成的，因此它们是最重要、最必要的工作环节。对这些环节进行梳理，回忆发生了什么，可以相对高效地定义影响结果的最重要的因素。

第二，团队关键任务还原。这是指根据不同的团队进行任务切割，找到各个团队的工作重点和核心任务。对于需要跨部门合作或者多人合作的项目来说，按照人或团队来盘点每个人或每个团队的重要工作是一个较为快速的定位问题、找到关键信息的方法。但是这种方法很容易进入一个讨论“人”的氛围，容易产生贴标签、指责，甚至人身攻击的情况。所以，使用这种方法需要格外注意现场的情绪状态和沟通过程中的表达方式。

第三，重大成就和事故还原。这是指还原执行流程上做得特别好的事情，或者还原做得特别不好、出现了问题的事件甚至事故。这种复盘通常不是顺着时间线一点点儿进行的，而是针对某个突出问题做的专题讨论。

【工具箱】还原执行过程的问题清单

【关键里程碑还原】

- 实现目标的关键里程碑有哪些？
- 实现这些里程碑的关键时间节点是什么？
- 哪些团队需要做哪些事情、拿到什么样的数据结果，才算实现了关键里程碑？
- 实际完成了哪些工作？与计划相比有哪些差别？调整了哪些工作？

【团队关键任务还原】

- 为了完成目标，需要哪些团队参与？这些团队的目标分别是什么？
- 为了完成目标，这些团队分别需要做哪些任务？其中最关键的任务是什么？达到什么样的指标才算实现了任务目标？
- 这些团队具体做了哪些事情，与计划相比有哪些差别？调整了哪些工作？

【重大成就和事故还原】

- 发生了哪些意料之外的事情？它们是如何发生的？带来了哪些影响（比如主观感受是什么、定量数据表现如何）？
- 发生了哪些值得关注的事件？它们是如何发生的？带来了哪些影响（比如主观感受是什么、定量数据表现如何）？

【查漏补缺问题】

- 当前的项目需要哪些数据，才能完成复盘？
- 当前的复盘文档缺失哪些信息？
- 目前的信息是否都有相关的定量数据来评估项目或任务的完成标准？

（3）复盘执行注意事项

值得注意的是，复盘执行与复盘决策最大的不同在于，如果一个项目历时很久，则项目本身的场景、数据以及相关信息将是海量的，因此收集什么信息（信息质量）远比收集了多少信息（信息数量）更重要。

敲黑板

信息的收集要根据复盘目标做筛选。

那么到底要收集哪些信息呢？如何既精准地收集了信息，又没有浪费大量的时间成本收集冗余信息呢？这里与你分享两个收集信息的原则。

（1）收集真实可溯源的信息

真实可溯源的信息是复盘的基础。顾名思义，这种信息必须是真实且有依据的。它们可以是团队成员平时收集的工作文档，例如工作的 SOP、工作手册、项目管理文档，也可以是运营数据、来自第三方的反馈或者用户反馈等。这些工作文档能够客观反映业务情况，符合前文提到的要描述事实的要求。

需要注意的是，在收集信息环节最忌讳的用词 / 字眼是，“我觉得”“我感觉”“我认为”“我相信”……团队成员一定要记住的是“实事求是”这 4 个字。主观上是怎么认知的，你的感受和情绪是什么……这些都不是复盘的素材。这些感受、情绪背后一定有个（些）客观事实，是它（们）激发了你的主观感受。所以，复盘时请把客观事实单独拎出来，它（们）才是我们要的真实可溯源的信息。

小贴士

场景还原过程中最忌讳的用词 / 字眼是，**“我觉得”“我感觉”“我认为”“我相信”“我猜测”“我推测”“我听说”**……

关注事实、实事求是才是正确的姿势。

案例 4-1

记得有一次，复盘会上团队成员在讨论如何提升产品销量的问题。

营销团队说：“目前的曝光量、产品点击率、首单购买率都很高，所以已经不是营销侧的问题了。销量上不去，我觉得是产品的问题。”

产品团队一听很不高兴，立刻反驳说：“这个产品，销售团队也在卖，他们用的是同样的话术，已经卖爆了。竞品的市场份额在 1 个月内就直接被我们抢走了 5%。为什么到了你这边就变成产品问题了呢？”

读到这里，你发现了什么问题吗？你可以停下来，尝试列出你看到的问题。

参考答案

首先，营销团队的发言缺乏客观数据的描述，并且用了“我觉得”这种主观词汇去作判断。

其次，产品团队的回应是带有情绪的，这反映在他在发言中用了反问句。任何带有情绪的表述都不能被视为有效的信息。此外，在回应的时候，产品团队的答案与当下讨论的议题“如何提升产品销量”并不相关。产品团队不是在聚焦事实上发生了什么、未来如何避免和解决问题，而是在解释不是自己的问题。

思考：那么，遇到案例 4-1 中的情况应该如何应对呢？

- 对于营销团队来说，较好的描述方式是：罗列营销漏斗的数据，并提供行业的对标数据，以此来呈现营销环节的工作能力。
- 对于产品团队来说，较好的回应方式是：呈现产品的用户反馈、用户满意度打分结果、产品性能指标数据、复购数据、销售团队的销售数据等。

这里再和你分享一个知识点：**收集多维度的信息有助于我们更好地理解发生了什么。**我们再一起看看案例 4-1，看看在那场复盘会上引导师是如何做的。

看到产品团队和营销团队之间的争执，复盘会的引导师插话说：“营销目前的漏斗数据分别是多少？跟行业值比如何？”

营销团队负责人回答："这几个数字分别是……基本都在行业均值以上。"

引导师说："好的。看过这个渠道的客户推荐率吗？"

营销团队负责人回答："这个数据我没有，需要运营人员帮忙拉出来看看。"

引导师说："嗯，好的。运营团队，你们有数据吗？"

运营团队负责人回答："有的。目前按照渠道来看，所有渠道的平均产品推荐率是 5%。现在营销团队主攻的这个渠道推荐率是最低的，大概 1%。行业目前能做到 10%。"

引导师说："嗯。你那边还有什么补充数据，作为参考依据吗？"

运营团队负责人回答："还可以看下复购情况。目前从所有渠道的总数据来看，复购率、复购频次、复购金额整体都低于我们的另外一个产品。这是数据表格，我给大家看下。"

通过运营团队负责人的数据补充，复盘会的参与人对现状有了更清晰的了解。营销团队过去只关注了合理的首次获客成本，而没有关注相关渠道用户画像的精准度。从整个产品生命周期来看，推荐率和复购率都不够好，所以确实需要关注渠道质量。

而从所有渠道的推荐率和复购率来看，相关数据指标也不如另一个产品。产品团队看到这些数据后更容易重新审视产品自身的问题，不再简单地认为能够达成销售业绩就是因为产品好。

敲黑板

收集和呈现多维度、细颗粒度的事实信息是场景还原很重要的一个动作。

收集和呈现多维度、细颗粒度的事实信息是场景还原很重要的一个动作。所有复盘的参与人都要对这个动作足够重视并保持敏感，特别是复盘的引导师（第 8 章将专门讲解复盘引导师的工作应该如何去做）。

（2）收集基于复盘目标的信息

第 3 章提到，一次复盘不可能解决所有的问题，因此每次复盘都应该有自己的复盘目标和重点讨论的议题或内容。

举个例子。在第 3 章的案例 3-4 中，企业完成了“618 大促”营销活动的营收目标，并且成功地打出了爆款，但是利润压缩严重。在查看了 3 位员工的成败认定复盘文档后，团队复盘的核心议题最终聚焦于两个方向：①提炼打出爆款的方法；②分析利润被压缩的原因。

如果团队决定此次的核心议题是提炼打出爆款的方法，在下一次促销活动打出爆款积累最佳实践，那么，此次复盘的场景还原就可以围绕选品、平台合作促销策略等维度收集和提供信息。

如果团队认为此次的核心议题是分析利润被压缩的原因，在下一次打出爆款的同时为盈利找到解法，那么，此次复盘的场景还原应该围绕此次营销活动的成本构成、定价策略等维度收集和提供信息。

总之，复盘目标直接框定了收集和提供信息的范围，避免了无限外延信息收集的内容。

4.3　常见问题和难点

1. 没有准备素材或者数据

在复盘时，最容易出现的错误姿势是，一群人不认真地进行信息回顾和还原，就直接讨论结果、进行总结。

记得我参加过一次关于销售转化效果的复盘会。复盘会需要营销团队、社群运营团队和直播团队三方共同梳理新用户的转化问题。营销团队和社群运营团队在会前梳理了自己的投放数据、客群画像、运营 SOP 和运营销售话术等多个维度的工作信息，销售转化工作的强弱项一眼可见。然而，直播团队没有提供任何素材和数据，认为只要主播状态好，就能卖得好。团队负责人为此大发雷霆。

那么，直播团队在复盘会召开之前可以做些什么呢？直播团队应该梳理与销售转化相关的关键数据和信息，比如直播主题、直播的逐字稿、直播过程中每一分钟的互动数据、进入直播间的人数、离开直播间的人数、直播热度等。

没有准备素材或者数据会显著降低复盘的质量。但是大家为什么明明知道这一点，还是会不提前准备素材或数据呢？

第一个原因是，懒。有的团队成员不愿意整理数据和信息，觉得麻烦。复盘到这一步为止，还没有开始拼智商，拼的还只是“勤奋”。事情其实没有那么难做，但是有些人就是不做。解决这个问题的办法就是提要求、给标准，清晰地告诉相关人必须在复盘会上给出哪些数据和信息，如果做不到就是失职。

第二个原因是，不清楚自己的目标、职责、任务，所以不知道需要准备哪些数据和信息。这种情况的出现通常是因为日常工作中管理者没有说清楚工作要求。解决方案就是沟通——管理者和团队成员清楚地梳理出复盘需要准备什么内容，且双方就此达成共识。

第三个原因是，不知道如何获取素材和数据，没有养成平时做记录、沉淀数据的习惯，或者没有数据的获取权限。这类问题的解决方案非常依赖管理者的业务管理能力。比如，是否在日常工作中有意识地让大家收集和分析数据，是否让所有人开会时必须记录笔记，是否向负责人授予了相应的信息权限等。良好的日常管理工作，可以保证团队工作信息和复盘所需信息的完整度。

2. 数据要么过多，要么不足

在进行场景还原时，团队会面临大量的信息和数据，有时会出现“想要的没有，不想要的堆砌”的情况。

小贴士

“想要的没有”主要是指，基于复盘想要实现的目标，缺乏足够的信息进行分析。

“不想要的堆砌”是指，日常记录的数据和信息未经思考或加工，仅仅被全部罗列出来，且这些数据和信息的分析颗粒度与讨论的议题无关。

举个例子。某公司想要测试直播销售策略的有效性，希望通过复盘发现“销售密码”，以便以后可以反复使用、促进成交。

这个公司的销售路径是，以直播为核心场景，配合社群私域以及线上官方小店完成成交。因此，为了实现复盘目标，公司需要直播团队、运营团队和电商团队分别准备相应的数据和信息。在复盘会上，这几个团队提供了用户画像和成交数据。

用户画像

用户以一线和新一线城市为主，北方城市覆盖数量大于南方城市；

30~40 岁，女性居多；

购买过同类产品的用户占 70%。

成交数据

	6 月 1 日	6 月 2 日	6 月 3 日
直播间	17 680	15 440	11 230
私域社群	6760	3980	6040
官方小店	213	353	226

【写一写】

看到前面的数据和信息后，你认为这些足够么？还缺失什么呢？你可以停下来思考一下：如果是你，你还需要让团队补充什么数据或信息才能帮助你找到“销售密码”呢？可以把你的答案写在后面。

参考答案

复盘目标是收集信息的基点。这次复盘会的议题是讨论“销售密码”，那么围绕本次复盘议题需要提供的信息还包括以下内容。

1. 与直播间的销售话术、私域社群的销售话术、官方小店的海报相关的数据分析。这些数据分析展示了目前是如何描述销售卖点的。

- 直播间销售话术效果分析：口播后的下单总数据；从点击查看商品到创建订单，再到下单，整个流程的漏斗数据。
- 私域社群的销售话术分析：运营话术发送后的下单总数据；从点击查看商品到创建订单，再到下单，整个流程的漏斗数据。
- 官方小店的海报分析：网站浏览量、商品点击数量、创建订单和下单等步骤的漏斗数据。

2. 有关直播前、直播后的运营动作对打造销售场域、塑造购买动机的影响分析。

- 运营动作设计思路（目标、策略、执行动作和话术）；
- 运营话术的发送时间；

- 群内反馈和客户回复等。

3. 营销投放的渠道和新增用户画像。

- 投放渠道数量；
- 各渠道的投放成本、加粉丝人数、转化数量；
- 各渠道的用户画像；
- 新增用户画像与目标用户画像的匹配度；

……

看到这里，你可能会说：“这看上去好难呀！我怎么知道哪些信息需要，哪些信息不需要呢？”产生这种困惑通常有 2 个原因：

- 对复盘目标理解不足；
- 对哪些信息与复盘目标相关联的认知不足。

如果是第一种原因，问题相对好解决。我们只需在筹备复盘时，与所有参与人确认一遍需要提前搜集和呈现哪些信息就可以了。但如果是第二种原因，这就涉及团队成员的业务认知了。

敲黑板

哪些信息必须有，哪些信息不需要，考验的是团队对于实现复盘目标所需要的元素的理解。

如果你很难清晰地罗列与实现目标相关的信息，或者不知道应该罗列什么信息不罗列什么信息，这可能是因为你对哪些因素在影响目标没有清晰的认知。

不过，遇上这种情况也不用着急。团队复盘法中的第三步得失分析，是可以通过科学的方法帮助你发现这个盲区的。如果你坚持做复盘，每次都能获得一些新知。在下次复盘的时候，你就会多一些看问题的视角和数据，从而再“滚”出一轮新认知。最终，你会实现认知上的螺旋式上升和持续的认知迭代。

3. 对于事实是什么无法达成共识，陷入争吵

复盘过程中，很多团队容易情绪化。比如，对一些失误或管理问题进行复盘，会让相关的团队成员有不安全感，从而采取防御姿势，对指责进行推诿，或者总找借口和理由。越是这样，团队越容易把矛头对准出问题的负责人，然后涉及的双方都开足马力，使劲互怼。

小贴士

分析事情是指，弄清楚这件事情是什么、发生了什么、我们获得了哪些外部反馈和数据；而对人进行指责关注的是，这件事情由谁负责、是谁犯错了、谁没有做什么。上述内容体现了两个完全不一样的叙述事情的视角，以及两种不同的讨论姿势。

然而，复盘是针对事情进行分析的，并不主张对人进行指责。我们需要极力避免人身攻击，避免情绪干扰判断。

举个例子，请你感受下面两种描述的对比。

时间拖延了，是因为 A 没有安排好工作，没有按时工作。（描述带有对 A 的指责。）

时间拖延了 3 天，未及时完成的部分是 XX 功能。这部分功能的开发需要 50 小时。（描述是在讲事实。）

在实操中，想要做到第二种沟通姿势需要所有人的共同努力；其中，复盘引导师或复盘主持人是关键角色。关于复盘引导师的职责和引导方法，第 8 章将做专门的讲解。

总之，场景还原需要实事求是、对事不对人。所有人都要尽量客观地还原整个项目，避免主观情绪，避免没有数据就下结论。

4.4　案例应用

下面请你阅读案例 4-2，尝试以业务负责人的身份思考这一问题：当你带领团队复盘时，各个团队需要提供哪些信息才能完成复盘?

案例 4-2

你和团队刚刚完成一次线下促销活动。本次活动设定的目标参与人数为 40 人，而实际参与人数为 35 人，出席率是 87.5%。本次活动中出现了计算机设备无法切换屏幕、现场材料打印数量不足的情况。

更让团队感到挫败的是全场销售成交数量仅为1单，而成交目标是5单。

假设你已经决定复盘目标和议题是：

- 为什么成交数量仅为1单？下次如何提升？
- 如何避免活动中的设备问题和材料问题再次发生？

【写一写】

请你先独立思考，你需要让团队提供哪些信息才能完成复盘，并写在下面。

____

____

____

参考答案

首先，我们要确认复盘目标属于哪一类：属于复盘决策类的，还是复盘执行类的。很明显，案例4-2所述情况属于复盘执行类，因为复盘决策时，我们关注的是为什么要做这个活动、这个活动该不该做；而复盘执行关注的是，这个活动我做得好不好、执行得如何。

然后，我们可以根据复盘执行的常见逻辑来罗列需要哪些信息。

为了复盘销售成交数量为什么仅为1单、为什么出现设备问题和材料问题，我们需要后面的信息。

按照时间线

XX 年 XX 月 XX 日邀请 XX 名客户；

XX 年 XX 月 XX 日确认 XX 名客户参加；

XX 年 XX 月 XX 日举办活动，现场签到人数为 XX；

XX 点 XX 分在销售环节，在场 XX 人，抬头率为 XX；

活动现场咨询人数为 XX，咨询内容和问题为 XX；

现场成交 XX 人。

按照关键事件

【设备问题】

提前一天进行场地准备时，设备调试情况是 XX，具体测试了什么、没测试什么；

现场设备调试 XX 时开始，XX 时结束，共 XX 分钟，其中到场嘉宾平均等待 XX 分钟；

现场设备出现的具体问题是什么、如何解决的、做了哪些事情；

有关设备问题，最初是否制订了 PLAN B（计划 B）。

【材料不足问题】

材料打印数量是 XX 份；

打印数量是基于签到人数还是总邀请人数；

到场人数与计划人数的差距是 XX 人；

发现材料不足后，采取的行动包括 XX；

XX 分钟后，补齐了材料，让客户拿到了相关信息。

按照销售团队的关键任务

- 梳理客户画像；
- 邀请客户参加：邀请数量、邀请方式、邀请话术、邀请频次、回复话术；
- 确认客户参与人：谁接受邀请了 / 谁没接受邀请，具体数据是什么；
- 客户关系维护：客户接受邀请后、参与活动前，团队做了哪些事情；
- 客户接待：在活动现场，客户接待流程是什么；
- 活动期间：销售流程和策略是什么。
  - 客户的整体体验设计有哪些（将内容信息类、感受体验类分开）；
  - 活动休息期间，有哪些销售动作、对象是谁、内容是什么；
  - 发言人的文稿中，设置了哪几个销售环节，话术分别是什么。
- 活动结束时：有哪些销售动作、对象是谁、内容是什么；
- 这次的销售流程与之前的活动比做了哪些调整；
- 这次活动参与对象的画像（如来源、需求等）与之前的活动比，有何不同；

……

工具箱

1. 场景还原的 2 个姿势：复盘决策 vs 复盘执行

	复盘关注点	收集信息的逻辑
复盘决策	为什么做、该不该做	按照决策时间线 按照决策逻辑 按照决策方法或模型
复盘执行	做得好不好；有哪些问题；有哪些可复用的实践	按照时间顺序 按照关键事件（关键里程碑、团队关键任务、重大成就和事故）

2. 还原决策过程的问题清单

（1）按照决策时间线

- 这个决策我们讨论过几次？
- 每次分别是和谁讨论的？讨论的主题和结论是什么？
- 每次讨论的结论与之前的结论有什么不同？
- 在多次讨论中，我们先后遇上了哪些不同观点？最后听了谁的？为什么这么决定？

小提示：可以找出每次讨论的会议记录作为辅助材料。

（2）按照决策逻辑

- 这个决策的背景是什么？
- 当时推进工作的方向是什么？下一步想实现的是什么？
- 实现当时的想法，有哪几个不同选项？

- 就市场上的实践来看，有哪些最佳实践在当时可以参考或复用？
- 我们当时是如何看待这些最佳实践的？从中采用了什么？放弃了什么？
- 做这个决策时，我们考虑了哪些因素？考虑了哪些风险？
- 当时的决策有哪些关键假设？这些关键假设是否被验证过？
- 当时的决策有哪些隐含假设？我们当时是否意识到了？
- 当时的决策是否有人质疑？质疑的理由是什么？
- 对于质疑决策的理由，我们当时是如何解答和判断的？
- 当时的决策是否有数据支持？有哪些数据支持？有哪些数据不支持？

小提示：可以找出会议记录、市场调研文档、日常工作文档或相关数据等作为辅助材料。

（3）按照决策方法或模型

- PEST 分析法；
- 波特五力模型；
- SWOT 分析法；
- 安索夫矩阵（Ansoff Matrix）；
- 波士顿矩阵（BCG Matrix）；
- 波特价值链分析模型；
- 雷达图分析法；
- 内部－外部矩阵（Internal-External Matrix）。

3. 还原执行过程的模板和问题清单

（1）场景还原分析模板（按照时间顺序）

执行时间	具体任务	做了哪些事	负责人	相关数据 & 情况描述	讨论要点备注

（2）还原执行过程的问题清单

【关键里程碑还原】

- 实现目标的关键里程碑有哪些？
- 实现这些里程碑的关键时间节点是什么？
- 哪些团队需要做哪些事情、拿到什么样的数据结果，才算实现了关键里程碑？
- 实际完成了哪些工作？与计划相比有哪些差别？调整了哪些工作？

【团队关键任务还原】

- 为了完成目标，需要哪些团队参与？这些团队的目标分别是什么？

- 为了完成目标，这些团队分别需要做哪些任务？其中最关键的任务是什么？达到什么样的指标才算实现了任务目标？
- 这些团队具体做了哪些事情，与计划相比有哪些差别？调整了哪些工作？

【重大成就和事故还原】

- 发生了哪些意料之外的事情？它们是如何发生的？带来了哪些影响（比如主观感受是什么、定量数据表现如何）？
- 发生了哪些值得关注的事件？它们是如何发生的？带来了哪些影响（比如主观感受是什么、定量数据表现如何）？

【查漏补缺问题】

- 当前的项目需要哪些数据才能完成复盘？
- 当前的复盘文档缺失哪些信息？
- 目前的信息是否都有相关的定量数据来评估项目或任务的完成标准？

4. 常见的信息收集清单

①业绩数据；

②运营数据；

③日报/周报；

④用户/客户反馈；

⑤用户/客户行为；

⑥ 团队评价；

⑦ 竞争对手反馈动作；

⑧ 项目相关文档（工作的 SOP、工作手册、项目管理文档、项目清单）；

⑨ 视频 / 音频文件；

⑩ 培训资料；

……

本章小结

本章主要讲的是复盘的第二步场景还原在复盘中的价值以及如何做场景还原。做好这一步的关键是，能区分什么是事实，什么是判断，从而根据复盘目标，收集和展示需要的事实素材，进行场景还原。场景还原做得越充分，后续的得失分析才能做得越深入，团队成员越容易达成共识。

本章知识点思维导图

第4章 团队复盘法第二步：场景还原

- 场景还原在复盘中的价值
  - 有助于复盘分析更务实、更合理，对判断和结论更笃定
  - 帮助团队达成共识，在讨论中有共同的背景信息
- 场景还原如何做
  - 什么是“事实”，什么是“判断”
  - 场景还原的2个姿势
    - 复盘决策
    - 复盘执行
- 常见问题和难点
  - 没有准备素材或者数据
  - 数据要么过多，要么不足
  - 对于事实是什么无法达成共识，陷入争吵
- 案例应用

第 5 章

团队复盘法第三步：得失分析

5.1 得失分析在复盘中的价值

在团队复盘法的四步中，最直接影响认知迭代、团队成长的，就是“得失分析”这一步了。它就像你在医院做了一圈检查后拿着检查结果找到医生做分析和诊断。这时，医生会基于所有的数据指标和影像资料一点点儿指出你的身体哪里有问题、哪里没有问题。有问题的，医生会告诉你可能是什么原因引起的，以及接下来是做进一步的检查，还是直接安排治疗或开出药方。

不过，看病有时会出现一个有趣的现象。对于一些疑难杂症，不少患者及家属会选择去多家医院就诊，拿着同一份诊断材料去询问不同的医生。这是因为他们可能会对医生的医术水平有怀疑，所以想要找更资深的医生做出更可靠的诊断。

这种现象与我们日常的复盘很相似。在前两步“成败认定”和“场景还原”的工作中，我们已经基本知道这次复盘要重点关注哪个方向、哪个议题。同时，针对重点关注的内容收集了相关的信息和数据。接下来，就要对这些信息和数据进行分析、提炼和加工了，而能否准确地诊断出问题，找到真正能产生质变的抓手就要看各位“医生”的水平了。

我们先来看一个案例（案例 5-1），感受下“医生”的水平在复盘时的差别。

案例 5-1

业务负责人 A 正在带领他的团队复盘第 3 季度的销售数据。他们销售的是一款直接面向 C 端的日用消费品。目前主要通过直播带货、线下门店两个方式完成销售。第 3 季度的销售目标（包括直播带货和线下门店）是 3000 万元，实际完成 1800 万元。

在复盘之前，A 的团队搜集了一些关键数据，用于本次复盘讨论。现在，A 正在和团队一起讨论为什么直播带货的销售额在第 3 季度出现了骤降。

数据表 1　目标销售额和实际销售额

	直播带货	线下门店	友商直播间	友商线下门店
第 3 季度目标销售额	2000 万元	1000 万元	—	—
第 3 季度实际销售额	800 万元	1000 万元	1000 万元	800 万元
第 2 季度实际销售额	1500 万元	800 万元	1300 万元	850 万元

数据表 2　每日平均直播时长

	自有直播间	友商直播间
第 1 季度	12	16
第 2 季度	16	16
第 3 季度	20	16

数据表 3　退货率

	自有直播间	友商直播间
第 1 季度	18%	12%
第 2 季度	25%	15%
第 3 季度	20%	14%

数据表 4　信息资料列表

已有资料	资料内容说明	友商信息
1. 直播 SOP	所有主播使用相同的 SOP，要求必须流畅背出话术	友商的直播 SOP 和话术与我方基本一致。双方的脚本均在不断迭代，相互借鉴
2. 活动促销信息	第 3 季度的十一、中秋双节促销活动方案与“618”促销活动方案基本保持一致；销售话术、折扣力度、宣传方案没有根本性调整	友商在十一、中秋双节促销活动方案的折扣力度大于“618”促销活动方案，采用了新的销售组合方案
3. 团队人员和分工	直播间团队 8 人，其中主播 2 人、直播间中控 2 人、直播助理 2 人、摄影灯光 2 人、客服助理 2 人	直播间团队 8 人，其中主播 2 人、直播间中控 2 人、直播助理 2 人、摄影灯光 2 人、客服助理 2 人

团队成员 1 的发言

“你看，现在我们的直播时间已经比友商长了，但是销售额低于人家。而之前直播时长一样的时候，我们的销售额反而更好。增加直播时长并不会带来更高的销售额。”

团队成员 2 的发言

“从目前的信息来看，销售额可能受到直播时长、货品质量、促销方案几个不同因素的影响。毕竟现在主播用的销售话术其实是差不多的。应该不是销售话术的问题。不过，确实也要考虑直播间人员的分工和工作量，这些是不是会影响销售额。看上去我们的团队工作压力很大。”

团队成员 3 与相关成员的对话

“我想追问几个问题：直播间这个季度的整体流量和之前比有什么区别么？这个数据谁有？”

“我有。投放费用增加了。日均流量比上个季度要多 30%。当时是按照目标增加的额度来配置预算的。”

“那投流来的用户停留时间数据变化大么？”

“不大。目前来看在可以接受的波动范围内。”

“好的。谢谢。那我们直播间卖的产品有大的调整么？还是主打的那两款？”

“产品有微调，但是影响不大。两款主打产品还是黄金时段主要卖的，然后测试了一个新品。”

“哦，所以产品有调整。那销售话术有调整么？”

“这个一直没什么变化。只是活动期间根据促销活动定制的话术有更新。没有用‘618’的，用的是双节的话术。双节话术我们也参考了同行。”

“好的。那我们的下单流程和发货时间呢？”

“发货时间一直是我们的劣势。我们是预售制。退货率高也是因为很多人下单后等不到发货就退掉了。”

“那对我们有什么影响？”

“有的已经安排工厂下单了，会出现损耗。而且表面上下单量高，但是实际营收不太好看。”

“现在，老用户口碑怎么样？”

“没什么人写评论，都是系统自动给好评的。倒是偶尔会有人来直播间催发货。”

“这么看下来，我倒是觉得要想提升销售额应该关注下促销方案、发货时间和老用户维系这几个点。大家觉得呢？”

团队成员 4 与相关成员的对话

“我梳理一下。目前看下来，大家提到的所有影响销售的因素包括：直播时长、货品质量、促销方案、发货时间、销售话术、直播间流量、直播间选品、主打产品的销售时间、老客户口碑等这些因素。有这么多因素，难道我们都做得不好么？我觉得不是。不然咱们过去直播间的销售额也不会达到 1500 万元呀。这次肯定是有什么关键因素，让它一下子掉了一半（从 1500 万元掉到 800 万元）！所以我觉得还是促销方案的问题，特别是双节冲销量这两周。要是能拉出来平时直播间和友商直播间的数据，以及双节促销活动这两周的数据，分开对比一下，或许能知道是不是促销方案本身的问题。谁有相关的数据？”

“我有。但是我要再整理一下。目前没有计算好的现成数据。”

“好的，那就麻烦你整理一下，一会儿给大家看下数据吧。”

团队成员 5 与相关成员的对话

“大家的发言都有道理。我也想看看直播间的数据对比。但是我在想，是不是还有一个问题：我们的目标本身设置得是否合理？友商与我们在工作方式、第 2 季度的销售额上都差不多。这个季度友商的直播间销售额也在下降，而我们设定的目标销售额反而是上升的。所以，我们是不是需要关注一下，为什么当初设定这个目标？是什么让我们相信，我们的直播带货应该能做到 2000 万元的？”

“这个我记得。因为咱们在第 1 季度探索完直播带货的方法后就开始增加直播时长，销量也就跟着一直往上涨，所以当时咱们跟营销团队定的就是继续拉长直播时间，然后通过流量补充的方式实现销售。”

“对，当时还说要加新品。新品本身大家都很看好，所以认为也可以提高销量。”

“谢谢两位的补充。所以我们当时有两个很关键的决策依据：一是直播的时间越长，销量越高；二是新品会带来更高的销售额。那我们有没有数据来验证这两个结论是否成立呢？”

“要不我再拉一个新品直播时间段的销售额，对比一下我们的主打产品，看看销量有何差别？”

“嗯，那我也快速拉一个同行的直播时长和销量数据吧。你这么一说我也很好奇，为什么友商的直播时长一直就是 16 个小时，并没有持续延长。”

你在读体现了复盘讨论过程的案例 5-1 时，有什么感受吗？你可以在下面简单写一写，然后与我即将做出的分析做下对比。

【写一写】

阅读案例 5-1 后，你有什么反思？你认为他们做得好的地方和不好的地方分别是什么？未来在你的复盘中，有哪些地方值得借鉴？

下面是我对这个案例的分析。

这个团队做得比较好的包括以下几点。

每个人的发言基本都能做到基于数据和已知的信息，而不是主观猜测或者臆断。

团队成员积极地参与讨论，大胆地给出自己的分析和观点。

没有任何人身攻击，大家都在认真地讨论销售额下滑的可能原因。每个人都能尊重其他人的不同观点。

每一次发言都呈现出一定的递进关系，随着讨论和互动的深入，思路逐渐被打开。

团队成员的发言有新思考、新信息，团队成员甚至还会临时要求补充新的数据，从而让论点更有说服力。

当然，这个团队也暴露了一些小问题，比如一些影响销售的关键数据没有提前提供，特别是两次相同促销策略的销售额对比、促销期间与非促销期间的销量数据对比等常规统计数据缺失，这说明复盘准备工作没有做好。

此外，这个团队的讨论比较多地集中在“问题在哪里”，而对于那些有助于提升销售额的“做得好的”地方并没有讨论。

不过总体来说，案例 5-1 中的讨论是一场引发思考、带来新的团队认知的讨论。如果你的团队基本能做到充分参与、基于数据和客观信息发言、彼此补充信息和推动信息挖掘，那么你的团队将有一个非常好的起点。这样的复盘讨论至少会给你带来 3 个很重要的价值。

1. 带来新认知

一个人的认知终究是有盲区的。就像案例 5-1 中第一个发言的成员，可能直接就陷入了某一组数据的分析，然后直接得出了一个草率的结论：增加直播时长并不会带来更好的销售额。这或许是个值得关注的方向，但是这个结论一定成立么？会不会有其他因素的影响？在影响销售的因素中，直播时长是最关键的因素么？是所有的直播间都是直播时间越长销售额就越不好么？

当所有团队成员都能参与讨论的时候，彼此之间更能看到对方的逻辑漏洞，从而通过批判性的提问和思考发现更多有价值的信息。

需要澄清的是，这种情况并不代表着其他团队成员的逻辑性、认知能力一定更高。其实我们每个人都在同一个项目上拿到了不同的信息。很多时候是信息的缺失，导致我们草率地得出了结论。所以，讨论最大的价值是彼此补充信息，帮助对方看到没有看到的信息，从而改变他（她）的推理链路。

敲黑板

围绕得失分析的讨论可以帮助团队成员彼此互补缺失的视角，通过批判性的提问和思考发现更多有价值的认知。

2. 发现问题、找到解法

一群人聚在一起并不是简单地为了彼此补充视角，或者一起闲聊。大家开复盘会的目的，是沉淀已有的认知，并提高未来再做同样事情的成功率。因此，得失分析环节承担着发现已被验证的成功实践的职责，也承担着发现问题、提出解决方案的职责。

在案例 5-1 中，A 带领的团队中的每个成员都在积极地找问题。虽然角度不同、侧重点不同、思路不同，但是这样的多元视角可以层层剥开洋葱，逐渐逼近真理。

3. 触发讨论，促进共识

对于一个团队来说，没有什么比达成共识更重要的。我一直跟我的学员说："你们带团队要找一个感觉：就是一群人像踢正步一样，整齐划一地走向一个目的地。一个团队一起打仗，一定是一起扛枪上战场，一起打胜仗回家。如果遇上埋伏，也一定是一起想办法突破。大家是一起的。"

而确保一个团队一起往前走，最重要的是要有共同的方向、共同认可的路径、共同遵守的规则。特别是对于知识型工作者和有一定教育水平的员工，你需要让他们打心底认可你的工作，才能让他们更高效地跟上团队前进的步伐。这种打心底的认可源自他们的参与感和对你的决策逻辑的认可。

当我们每个人都积极地抛出自己的看法，然后一起用数据论证清楚到底当下是什么因素在影响我们的业绩时，其实每个人已经在复盘过程中自然而然地形成共同分析问题、解决问题的姿势和方法了。

这种做法对于任何一个团队来说都是非常有价值的。它不仅让团队更容易认可结论，还更愿意推进优化和执行。另外，如果上级不在场，团队也会用同样的逻辑和方式自己做出正确的决策。甚至在出现意见分歧时，团队可以在复盘讨论中逐渐形成一个公认的决策逻辑，从而尽快结束没必要的内耗和冲突。

所以，不要小瞧这一分析讨论的过程。表面上我们在分析问题找解法，但是从更深的层面来看，这也是一个统一团队语言体系、塑造思考模型和决策模型的过程。

现在，你对于得失分析这一步有点感觉了么？下面我将带着你重新理解得失分析，深入了解得失分析这一步到底是怎么做的。

5.2 重新理解得失分析

5.2.1 得失分析关注下一次如何做

得失分析并不只是关注问题。这一步最重要的价值是“找到出路”。因此，在我们进入复盘的第三步时，我们不要只盯着问题，也要盯着解法。

这种解法既可以来自做得好的部分——它们值得提炼、保留和复制；也可以来自做得不好的部分——它们让团队思考下一次如何做得更好。

上述价值之所以很多时候不能充分实现，是因为大家往往掉到一个坑里：过于兴奋地讨论问题在哪里而忘记关注解决方案。比如在案例 5-1 中，我们看到的讨论片段聚焦于定位问题。这固然是有价值的。但是，如果整个复盘讨论到这里就收尾了，那一定是不够的。

得失分析的核心目标是带着团队找到“下一次如何做”的答案。

敲黑板

得失分析的核心目标是带着团队找到“下一次如何做”的答案。

5.2.2　得失分析考验的是大脑的认知能力

案例 5-1 中的几个团队成员的分析有什么差别呢？为什么每个人分析出来的结果会不同呢？这就与本章开头提到的医生诊断病症一样，分析出来的结果是受到每个人的认知宽度和深度的影响的。因此，得失分析这一环节的讨论质量其实也客观反映了复盘参与人的认知能力。很多管理者都希望自己的团队爱思考、会思考。得失分析的过程就是一个逼着所有人学会思考的过程。

敲黑板

得失分析的过程是训练一个人学会思考的过程。

结论的质量反映的是团队的认知能力。

读到这里你可能会问：什么是认知能力？它是如何影响我们的分析能力的？

1. 什么是大脑的认知能力

事实上，我们的大脑在认识外部世界时会经历几个阶段。

捕捉信息

我们主要通过五官收集信息。捕捉信息阶段主要训练的是我们的观察能力、感受力、注意力、短期记忆力、信息搜集和调研能力，等等。

我们小时候做的看图说话、看图作文、大家来找茬儿等练习都是在训练一个人捕捉信息的能力。每个人在面对同样的画面时，能够捕捉到的信息的颗粒度是不同的。而（不同维度和不同深度的）信息量是决定观点输出的关键。因此，要想训练大脑有较高的认知能力，就要刻意拓展捕捉信息的类型和渠道（拓维度）、有意识地专注于信息的颗粒度（拓深度）。

从复盘实操来看，认知能力的训练多是在复盘准备环节：我们是否能有意识地拓展和筹备更多维度的信息和数据（第 4 章做过详细的讲解）。

信息加工和分析

信息加工和分析主要是指对于捕捉到的信息进行澄清、补充、理解、翻译的工作。具体表现在我们的语义理解能力、批判性提问能力、归纳分类能力、总结概括能力、提炼萃取能力、演绎推理能力，等等。

在职场上，这一步已经可以体现人与人之间的差距了。别的不说，如果连最基本的归纳总结能力不到位，那么向上级汇报工作都很难做好。

复盘的时候，我们需要对大量的信息进行反复推敲和思考。比如 XX 的发言观点是什么，这个观点是否有论点和论据的缺失；这个观点与刚才发言的 XX 的观点是一致的还是对立的。再比如，基于大家的发言，目前达成的共识是什么。没有达成共识的，各自的观点和论证理由是什么……这些思考的背后其实就是大脑在对收集到的各方信息进行加工和分析。

信息之间关系的重组与建模

主要是指针对信息进行重组工作。通过打破一些常见的归类方式和因果链接的组合，让信息进行重组以构成新的呈现方式。具体表现在我们的想象力、联想能力、创新能力，以及全局思考、升维降维思考和结构化建模的能力。

这种信息重组与建模的认知方式基本上是每个认知高手都会刻意练习的认知方式。一般来说，对于公司的中高层领导而言，他们的大脑已在不知不觉中具备了拆解信息的能力。任何一个表象问题放在他们面前，他们都不是简单地理解问题的表象是什么，而是会把问题放在不同的语境里重新理解和分析。这种多元的语境可以带来一种升维视角，也可以带来在新环境中的深度思考。因此，同样的信息被不同人的大脑捕捉后会呈现不同的输出。

举个例子，很多人隔一段时间就会想一下："我要不要换个工作。"在思考这个问题的时候，他们可能很容易发现想换工作的原因，比如公司的发展放缓了，自己没有成长空间了。这就是第二个阶段信息分析和加工的结论，而要进入第三个阶段，就需要把这个信息和其他的信息做新的关联，进入一个新的环境中思考是否要换工作这个问题。

具体来说，想换工作的人现在认为公司发展放缓了，自己没有成长空间了。这个语境是当前的公司、当前的环境。那可不可以把这个画面放在整个行业中去看？整个行业现在是什么样子？行业在高速发展么？如果换一家行业内的公司，自己是不是就有成长空间了呢？行业的画面相对于公司的画面来说，就是一种升维，因为行业包含了公司，影响了公司的生存和发展环境。

你可能会说我没必要看行业这么大的事情，那么咱们换个方式。你可以跟我一起感受下联想和想象的力量。

假设你现在进入了一个有快速晋升机会的企业，你直接空降去了一个你满意的岗位。请思考以下问题。

- 你做的事情和现在有什么不同吗？
- 在新的环境里，你具备了什么新的能力？在什么条件下可以获得新能力？除了换一份工作，还有其他获得方式么？

- 在新的环境里，你感受到舒适了吗？
- 新环境中的你是你最想要变成的那个样子吗？是否有一些原本让你舒适的事情在新环境中不再存在了呢？

你看，同样的一个话题，当我们的大脑采取不同的认知方式时，就会有从不同的视角拆解这个话题的方法。而高手与普通人的差别，主要就在于能收集多少信息，又能有多少种拆解同一个话题的方法和姿势。回到复盘的话题上，这最终就会体现在对同一个问题的分析和挖掘的深度上。

第 2 章向你呈现过复盘的 5 个段位，其中段位五是：有意识，有方法，有信息，有深度思考。那么如何做到深度思考呢？下面，我将围绕这一问题与你分享 3 个方法。

5.3　得失分析如何做

5.3.1　深度思考 1：提出好问题

你有没有遇上过这种场景：某主播的直播间正在销售一款网红产品，价格降幅达到了 80%。随着主播的一声“买它！”你冲动地付了款。等收到产品后，你发现这个产品根本用不上，又懒的折腾退货，于是直接将它堆在了角落，而类似没有太大用的产品，你已经不知道买了多少……而如果当时在付款前，你问了自己一个问题：“我会经常使用它吗？”也许你就不会下单了……

提出好问题，本身是在帮助你建立“批判性思维”这一思维方式。它既能够帮助你发现很多隐蔽的信息，又可以让你学会自主思考，而不是不加思考地接受别人的观点和意见。

常见的好问题有一些特点。这里为你总结了常见的 3 种好问题。

1. 针对缺失的论点、论据进行提问

任何一句话都可能是一个观点。一个观点之所以成立，一定是因为它是由讨论的议题、对这一议题的观点和结论（论点），以及支持该观点和结论的理由（论据）构成的。当我们在讨论事情时，如果发现一个人描述了很多信息，但是没有论点和论据，那就可以通过提问，帮助他（她）澄清自己的观点，推进讨论。常见的问题包括以下几个。

你刚才的观点是 XX 么？是在讨论 XX 这个议题吗？（用于澄清议题。）

你描述的信息很多，你的观点是什么？可以提炼一下吗？（用于澄清论点。）

你刚才提到的信息，是在支持刚才提出的 XX 观点吗？（用于澄清论据。）

我们再来看一下案例 5-1。如果让你针对团队成员 2 的发言提问题，你会提出什么问题？

【练一练】

团队成员 2 的发言

“从目前的信息来看，销售额可能受到直播时长、货品质量、促销方案几个不同因素的影响。毕竟现在主播用的销售话术其实是差不多的。应该不是销售话术的问题。不过，确实也要考虑直播间人员的分工和工作量，这些是不是会影响销售额。看上去我们的团队工作压力很大。”

请写下你想针对团队成员 2 的发言提出的问题：

____

____

____

参考答案

我们可以这样提问。

1. 澄清议题：你是想分析影响销售额的因素，对吗？
2. 澄清论点：你的观点是，直播时长、货品质量、促销方案这 3 个影响因素是确定的。此外，我们还应关注直播间人员分工和工作量对销售额的影响，是吗？

3. 澄清论据：你觉得团队工作压力大是因为表格中写着，我方平均直播时长是 20 小时，是 8 个人负责直播工作，而友商虽然也是 8 个人负责直播，但是平均直播时长是 16 小时，是这样吗？

一旦观点阐述清楚了，就可以针对观点进行回应了。在案例 5-1 中，团队成员 3 基本上是针对团队成员 2 这几个观点漏洞进行回应并展开分析的。

团队成员 3 与相关成员的对话

“我想追问几个问题：直播间这个季度的整体流量和之前比有什么区别么？这个数据谁有？”（**对现在分析的议题而言，可能还有其他影响因素，需要进一步挖掘。**）

“我有。投放费用增加了。日均流量比上个季度要多 30%。当时是按照目标增加的额度来配置预算的。”

“那投流来的用户停留时间数据变化大么？”（**这可能是个影响因素。**）

“不大。目前来看在可以接受的波动范围内。”

“好的。谢谢。那我们直播间卖的产品有大的调整么？还是主打的那两款？”（**这可能是个影响因素。**）

“产品有微调，但是影响不大。两款主打产品还是黄金时段主要卖的，然后测试了一个新品。”

“哦，所以产品有调整。那销售话术有调整么？”（**这可能是个影响因素。**）

“这个一直没什么变化。只是活动期间根据促销活动定制的话术有更新。没有用‘618’的，用的是双节的话术。双节话术我们也参考了同行。”

“好的。那我们的下单流程和发货时间呢？”**（这两个方面可能是影响因素。）**

“发货时间一直是我们的劣势。我们是预售制。退货率高也是因为很多人下单后等不到发货就退掉了。”

“那对我们有什么影响？”

“有的已经安排工厂下单了，会出现损耗。而且表面上下单量高，但是实际营收不太好看。”

“现在，老用户口碑怎么样？”**（这可能是个影响因素。）**

“没什么人写评论，都是系统自动给好评的。倒是偶尔会有人来直播间催发货。”

“这么看下来，我倒是觉得要想提升销售额应该关注下促销方案、发货时间和老用户维系这几个点。大家觉得呢？”**（不止刚才团队成员 2 说的因素，还有这 3 个因素也在影响销售额；分工和工作量的因素可能并不重要。）**

2. 澄清关键词、关键数据

在复盘过程中，我们需要对讨论中出现的模糊概念或者有歧义的关键词进行澄清。比如，有的人会不经意地抛出一些专业术语或者数据指标。这时，对于这些词汇的澄清是非常必要的，因为它们会影响你接受最终的结论。

例如，有人说："这个项目不太成功。""成功"就是一个影响你接受这个结论的关键词，而你需要弄清楚对方口中所说的"成功"的标准是什么，是否跟你理解的一致。

在案例5-1中，团队成员5说："大家的发言都有道理。我也想看看直播间的数据对比。但是我在想，是不是还有一个问题：我们的目标本身设置得是否合理？友商与我们在工作方式、第2季度的销售额上都差不多。这个季度友商的直播间销售额也在下降，而我们设定的目标销售额反而是上升的。所以，我们是不是需要关注一下，为什么当初设定这个目标？是什么让我们相信，我们的直播带货应该能做到2000万元的？"

在上面的这段话里，"目标……合理"是指什么？"差不多"具体是指多少？这些问题都是由沟通中的模糊词汇引出的，只有将模糊词汇澄清后，才可以更好地对齐大家的观点。

最近在我参加的一个创业团队的讨论过程中发生了一件很有趣的事情。团队在讨论自己的产品是否有需求。这个问题是由联合创始人提出来的。问题是这样的："我们这个产品是明显的非刚需，转化率这么低。我现在怀疑它是个真需求么？"听到这些话，创始人都惊了。这可是一个很严肃的判断，直接影响了公司二十几个人的饭碗啊。如果都不是个需求，那公司不就玩完了？

创始人赶紧回答："你怎么能说没有需求呢？这都卖了2年了。竞争对手都做了3年了，也都营收过千万了。要是没需求，这些客户为什么要花钱？再说了，这世界上真正是刚需的事情就是吃喝拉撒睡那么点儿事情，那其他生意都是怎么活的？"

眼看着针锋相对的苗头越来越明显，我赶紧跳出来问联合创始人："你说的真需求是指什么？在你来看，什么是真需求？"

联合创始人回应说："我们这群人出来创业不是为了做个简单的生意，我们是奔着上市去的。现在我们是有客户，但是能不能支撑做一个过亿的、有足够利润给到股东的规模性公司，我并不确定。"

听到这里，创始人的态度明显地缓和了。他接过话说："这是个好问题。就是我们是要赚钱做个小生意，还是要做个上市公司的大生意。目前的产品方式做个赚钱的小生意是可以的。但是如果我们很有野心，那么现在还是要重新看下现在的产品。"

一个关键词的澄清，直接化解了两个高管之间的矛盾，同时还带出了一个需要进一步讨论的重要问题。

其实，如果你还记得，在本书的引言中我提到过老王在复盘会上追问过如何理解"精细化管理"中的"精"和"细"这两个字。老王当时用的就是这个方法。通过澄清关键词的含义，去追问管理的关键策略到底是包含多个细节指标的管理，还是包含少量指标的精准管理。这从根本上矫正了运营团队的做事姿势。

3. 针对推理过程进行提问

第三种类型的提问是针对推理过程或论证逻辑的提问，这通常需要我们能够识别论据与论点之间的关系。不过这种提问一般比较"烧脑"，也是复盘中最考验我们的思辨能力的。

还是回到案例 5-1，我们看看团队成员 4 与相关成员的对话。

“我梳理一下。目前看下来，大家提到的所有影响销售的因素包括：直播时长、货品质量、促销方案、发货时间、销售话术、直播间流量、直播间选品、主打产品的销售时间、老客户口碑等这些因素。有这么多因素，难道我们都做得不好么？我觉得不是。不然咱们过去直播间的销售额也不会达到 1500 万元呀。这次肯定是有什么关键因素，让它一下子掉了一半（从 1500 万元掉到 800 万元）！所以我觉得还是促销方案的问题，特别是双节冲销量这两周。要是能拉出来平时直播间和友商直播间的数据，以及双节促销活动这两周的数据，分开对比一下，或许能知道是不是促销方案本身的问题。谁有相关的数据？”

“我有。但是我要再整理一下。目前没有计算好的现成数据。”

“好的，那就麻烦你整理一下，一会儿给大家看下数据吧。”

团队成员 4 的论证逻辑是：过去销售额到过 1500 万元，而这次降低到了 800 万元；销售额下降一定是因为有一个特别关键的因素出现了问题，而不是因为其他成员所说的那一堆因素。那么这个逻辑推理过程是否成立呢？我们可以通过追问来澄清。比如我们可以追问以下问题。

问题 1：销售额从 1500 万元骤降到 800 万元，可能是哪些原因导致的？

问题 2：在这些原因中，你是如何聚焦到促销方案这一个因素的？为什么这个因素最重要？有数据支持么？

问题 3：如果确实发现促销活动期间是我们跟友商产生差距的关键时间段，那么是不是就可以下结论说是直播间促销方案有问题了呢？是否还有其他可能的因素？

上述问题就是在尝试将发言人的逻辑推理过程搞清楚，找到其发言中每句话的论点和论据，避免隐藏的逻辑谬误。

敲黑板

好问题就是把隐藏的逻辑谬误暴露出来，重新找到真正的因果关系。

常见的逻辑谬误包括：论据与论点无关、论据与论点的关系很弱、论点和论据彼此循环论证。

举几个例子。

（1）这次友商的直播间装饰得真漂亮，直播间活跃度肯定比我们的高。

论据与论点无关。直播间活跃度与铁粉数量、直播间互动钩子频率相关，而直播间的装饰只能影响直播间留存效果。所以二者没有直接关系。

（2）友商的直播间装饰得真漂亮，所以它的销量更高。

论据与论点是弱关系。在曝光量相同的条件下，友商的直播间漂亮可能会提升直播间留存效果。但是销量是与总曝光人数、曝光人群的精准度、曝光后的留存、销售话术、产品质量、客户口碑和打分、发货时间、客服体验等多个因素相关的。直播间装饰得好看与否可能是影响销量的一个弱因素。

（3）友商的促销方案能让销量更高，因为它是最经典的销售策略。

循环论证，没有新信息。一个促销方案是否有效，可能跟销售话术、塑造的购买动机和场域、销售人员状态、产品口碑等多个因素相关，而这句话中的后半句只是换了个方式说促销方案有效，它是个经典策略，并没有对原因进行拆解和分析。

截至目前，我简要地介绍了第一个让复盘能有深度思考的方法：提出好问题。通过提出高质量的问题，我们可以在得失分析的环节发现新信息、找到新思路、理解新的影响因素。这可以帮助我们更全面、更客观地捕捉信息，并且理解和加工这些信息。

5.3.2 深度思考 2：学会萃取最佳实践

复盘时最大的“宝藏”往往最容易被忽略，这个“宝藏”就是，将经过提炼沉淀的好内容变成未来可复用的内容。

下面，我们一起了解下如何萃取最佳实践。

首先，什么样的内容值得我们在复盘过程中花时间去萃取？

从通俗的理解角度来看，那些促使你的工作行为产生符合预期结果的方法、流程、规则，就是职场中被认为的“好实践”。而所谓的最佳实践，就是好实践中让业绩效果最好的方式，或者复制好实践时让成本最低的方式。

最佳实践的萃取对每个团队来说是至关重要的。它有 2 个很重要的价值：

- 它将隐性知识显性化，让一个团队的业绩达成路径可视化、清晰化；
- 它可以将一个人的能力复制给一群人。

这两个价值的实现路径有一个公式，这个公式就是萃取最佳实践的关键动作：

找到专家、老鸟[①] + 定位关键场景 +
提炼关键行为 + 结构化沉淀

1. 找到专家、老鸟

几乎所有的最佳实践一定是来自专家或者老鸟，而不是来自学者或者理论家。所以，复盘的时候我们需要睁大眼睛，看看每一个参与人身上的发光点是什么、他们哪些地方做得好。特别是与一线执行团队进行复盘的时候，个人业绩最佳，或者个人服务口碑最好的人，就是我们需要锁定的对象。

下面列出了一个有关萃取对象特征的清单，你可以在今后的复盘上参考使用。

① 本书中是指在同一领域中工作时间长、经验丰富的人。

【工具箱】哪些人值得“萃取”

- 团队中销售业绩最好的；
- 团队中在完成特定工作流程的 KPI 上取得最优结果的（比如在销售中的触达环节上，触达人群数量最多的，或者实现复购率最高的员工）；
- 团队中用户口碑最好的；
- 总能较好地处理客户投诉的；
- 较好地处理了严重事故的；
- 成长速度最快的；
- 拿到友商信息最多的；
- 最懂用户诉求，总能创新开发新产品的；
- 总能起出好名字的；
- 总能写出好文案的；
- 一上台演讲就很抓人的；
- 总能搞定刁钻客户的；

……

这些专家、老鸟都有个特点：他们不一定知道自己是如何成功的。他们日复一日地在同样的场景下处理着同样的问题，很多动作已经是下意识的，而他们的方法或动作就是团队管理中最常见的“隐性知识资产”。你需要做的就是把这些隐性知识显性化、清晰化。

值得注意的是，在实际操作中，专家、老鸟的分享动机并不一定那么强，这与团队文化、公司内部的竞争和奖励机制相关。对于一些有复盘传统、追求成长和认知迭代的公司来说，分享个人经验可能并不难；但是对于刚刚引入复盘，相对封闭且面临较大的业绩竞争压力的团队，让个人公开分享经验可能会有阻力。毕竟，总有人会担心“教会徒弟饿死师傅”，担心自己的独家手艺或小技巧被别人抄走了。他们可能会想：“如果真被别人抄走了，业绩竞争压力岂不是更大？自己的奖金会不会比原来低？”

因此，如果在复盘时，你决定对一个人的经验进行萃取，那么一定要首先思考如何打消他（她）的疑虑。常见的做法包括提供额外的个人成长机会，或者设定合理的物质奖励。也有的公司在晋升机制和绩效考核中增加了一个与“利他”相关的维度，从而保证分享者可以得到相应的正向激励。

2. 定位关键场景

在选定关键人、打消其分享顾虑后，你就可以开始萃取的工作了。这个工作可以由复盘引导师主导，由所有复盘参与人共同完成。

一般来说，一个人的工作方法是否有效都是在场景中得以评估的。比如，你的核心职责是处理滴滴打车的客户投诉，你在投诉处理效率和客户满意度方面是最出色的。在你每天的工作中，你需要应对客户就司机态度、绕路、费用、发票等多个不同主题提出的投诉。那么我们应该如何萃取你的成功经验呢？是否需要对所有主题的投诉都进行萃取呢？

答案是否定的。萃取成功经验的前提是，找到最关键的业务场景。

小贴士

业务场景是指一个包含时间、地点、人物、事件的工作界面。在萃取最佳实践的过程中，最关键的业务场景指的是那些最能体现公司当前痛点的业务场景。这样的业务场景会呈现在完成业务指标方面公司相较于竞争对手表现得最不好的地方。此外，最关键的业务场景也可以是那些最能体现个人专长的业务场景。在这样的业务场景中，相较于同行，个人的表现和业绩更加出色。

需要注意的是，关键的业务场景不是唯一的。在一个萃取对象上，我们可以找到多个关键的业务场景进行多次萃取。比如前面提到的滴滴的例子，关键的业务场景可以有多个切分维度：既可以按照工作职责的划分进行萃取，也可以横跨投诉主题，基于有共性的常见客服问题进行萃取。

- **萃取场景 1**

按照工作职责：当投诉的客户（人物）情绪非常激动时（时间），客服如何沟通（业务场景或工作界面）才能快速地缓解客户的情绪，避免矛盾进一步加剧?

- **萃取场景 2**

按照投诉主题：当司机（人物）因绕路与乘客（人物）发生费用上的纠纷时（时间），客服如何沟通和处理（业务场景或工作界面）最容易让用户满意？

总之，在提炼最佳实践时，最关键的就是找到关键且具体的业务场景（工作界面）。基于这个业务场景（工作界面）去做进一步的萃取工作。

3. 提炼关键行为

在有了待萃取的业务场景后，我们就可以针对具体的行为和活动进行梳理了。常见的方式是访谈法和文案对比法。

小贴士

访谈法是指，通过对话让萃取对象分享在某一业务场景中自己的多个亲身经历。在以讲故事的方式分享后，由其他人进行追问和总结，提炼出他（她）的完整工作思路和流程。

文案对比法是指，基于已有的工作流，比对萃取对象的实际工作方法，并找到两者之间的差异，然后梳理出完整的工作思路。

因为大多数萃取对象平时很少进行提炼和总结，所以更常见的方法是访谈法，让萃取对象讲故事、讲自己的亲身经历。

比如，主播 A 在访谈中提到了她留住新客户的方式是念出对方的名字。那么我们可以让她分享一个具体的案例，讲解她是如何一边卖货、一边看到迅速涌进的流量用户并记住他们的名字的。同时，让她分享在念名字之前她在做什么，念完名字后她又做了什么。

再比如，主播 B 会在上销售链接之前说很多的“废话”，从而拉长了留存时间，更好地打造了销售场域。那么我们可以让他分享最近的一次直播他是如何做的，包括在具体某个时段中，流量情况如何，他是怎么说的、怎么做的、怎么与观众互动的，等等。

一旦萃取对象开始讲故事，我们就需要启动另一项重要工作了：画工作分析图（见图 5-1）。无论你选择访谈法还是文案对比法，画工作分析图都是一个重要的萃取关键行为的动作。

小贴士

画工作分析图是指，将某一场景下萃取对象从前到后所做的动作，逐一绘制成一张大图。

为了更好地绘制这张大图，我列出了一个问题清单，可以辅助你在访谈中获取相关信息，完成工作分析图的绘制。

【工具箱】绘制工作分析图的问题清单

- 这个场景中有多少个步骤？
- 如何判断一个步骤即将发生了？进入这个步骤的标志性事件是什么？
- 关键步骤的具体工作方法是什么？话术是什么？
- 完成这一步骤的难点是什么？
- 针对步骤的难点，解决方案是什么？
- 这个解决方案与已有的解决方案有什么不同？哪些地方优化了？哪些地方保持不变？
- 如何判断一个步骤已经完成了？完成这个步骤的标志是什么？

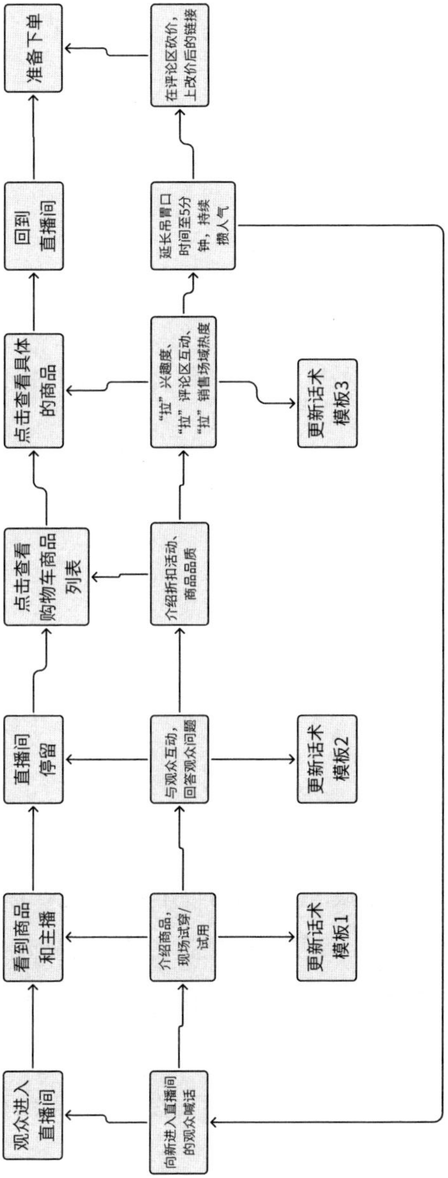
观众进入
直播间
看到商品
和主播
直播间
停留
点击查看
购物车商品
列表
点击查看具体
的商品
回到
直播间
准备下单
向新进入直播间
的观众喊话
介绍商品，
现场试穿/
试用
与观众互动，
回答观众问题
介绍折扣活动、
商品品质
“拉”兴趣度、
“拉”评论区互动、
“拉”销售场域热度
延长吊胃口
时间至5分
钟，持续
攒人气
在评论区砍价，
上改价后的链接
更新话术
模板1
更新话术
模板2
更新话术
模板3

图 5-1　工作分析图示例

顺着这份问题清单，你可以梳理出一个工作流程的所有节点，并且标注出每个节点相应的解决方案。

一旦有了这张工作分析图，你就基本梳理出了有关萃取对象的全景图。接下来要做的，就是把它转化为其他人可以拿来就用、一学就会的学习文档。

4. 结构化沉淀

在最佳实践萃取的最后阶段，我们可能会得到在不同应用场景下使用的输出文档。比如：

- 岗位工作说明；
- 岗位操作流程；
- 岗位培训辅导手册；
- 专业技能培训课程；
- 企业文化案例故事；

……

为了让好不容易萃取出的内容可以在多个场景中都能有效应用，在最佳实践萃取的最后，我们需要提炼一个大家容易记住的“公式”，以及后续实操过程中可以参考的详细的工作文档。这可以简化为：结构化沉淀 = 公式 + 具体的工作文档。

比如根据案例 5-1 中的直播间销售的例子，我们可以尝试提炼一个公式：

直播间销售额 = 主播主动向用户打招呼 × 主播销售话术 × 产品卖点显性化呈现 × “腰斩”价格 × 评论区点名互动 3 次①

提炼出公式后，我们可以为公式中的每一个影响因子制作一个独立文档，详细地写出：

这一步是什么；

这一步是怎么开始的，如何触发启动；

这一步如何做，工作流程是什么；

这一步要跟谁说，话术是什么；

如何判断这一步已经做好了，可以结束了。

完成上述 4 个动作，我们就完整地萃取了一个最佳实践。所沉淀的文档已经能够形成一套可以让团队应用、进行人才复制的工作文件了。

对于任何一个团队来说，找到未来可以复用的实践是非常宝贵的。它保证了未来再次发生类似事情时我们的资源投入和得到的产出的确定性。同时，这种做法也可以让优秀的实践被看到、被复制，可以短时间内快速提升团队所有人的认知和能力。

5.3.3　深度思考 3：运用五层阶梯思考法

你有没有想过，对于一个既定问题，如何思考才能挖到问题的本质或找到根源上的真实问题？ 我将向你介绍一个我已经用了 5 年

① 这个公式仅为示意，并非指导直播间销售工作的可计算公式。

且非常好用的“五层阶梯思考法”。只要你理解了这 5 个台阶中的每一个台阶需要思考的内容，那么每当你走完这 5 个台阶，你就完成了一次完整的深度思考。

下面，让我们逐一看看，五层阶梯思考法具体是什么（见图 5-2）。

- 基于信息，提炼发现
- 基于发现，寻找原因
- 基于原因，寻找所有关联要素
- 基于要素，对关联因素进行权重排序
- 基于因果关系，寻找关键假设或隐藏前提

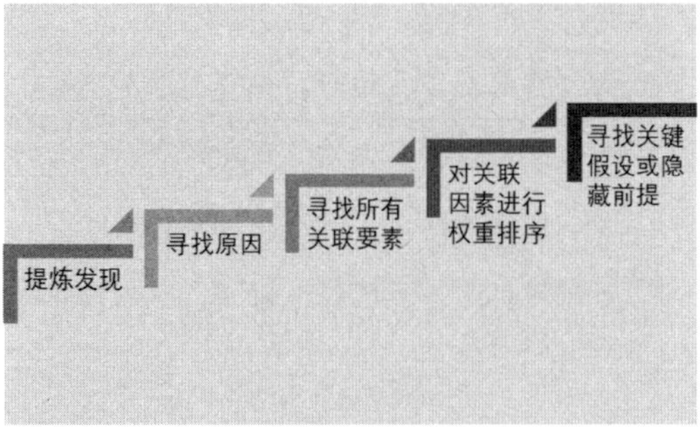

图 5-2　五层阶梯思考法示意图

第 1 个台阶：提炼发现

提炼发现可以说是最简单的一个动作。就像我们上小学的时候做阅读理解题，题目考察的是，基于给出的信息或数据，我们分析、提炼、“翻译”和总结的能力。提炼发现是最简单的一个分析动作，也是复盘讨论中的一个基础动作。

案例 5-1 中团队成员 1 的发言体现的就是典型的提炼发现，因为他基于给定的数据直接做了数据“翻译”和结论推导。

团队成员 1 的发言

“你看，现在我们的直播时间已经比友商长了，但是销售额低于人家。而之前直播时长一样的时候，我们的销售额反而更好。增加直播时长并不会带来更高的销售额。”

第 2 个台阶：寻找原因

这一台阶的要求会比第 1 个台阶高一些。它要求我们不仅要基于信息或数据给出一个观点，而且这个观点还要成为一个新的讨论议题，被进一步分析和拆解。

案例 5-1 中，团队成员 2 的发言先给出了可能影响销售额的因素，然后紧接着开始尝试把这个结论作为新的探究对象，分析哪些原因可能会导致销售额不达标。

与团队成员 1 相比，团队成员 2 不仅看到了数据反映的现象，还尝试给出了导致现象发生的原因。

团队成员 2 的发言

“从目前的信息来看，销售额可能受到直播时长、货品质量、促销方案几个不同因素的影响。**（尝试找影响因素。）**毕竟现在主播用的销售话术其实是差不多的。应该不是销售话术的问题。不过，确实也要考虑直播间人员的分工和工作量，这些是不是会影响销售额。**（分析其他因素。）**看上去我们的团队工作压力很大。”

第 3 个台阶：寻找所有关联因素

在第 3 个台阶上，我们要尝试突破思考的局限，把视野和思考拓展到更多的维度，寻找所有可能影响销售额的因素。

案例 5-1 中，团队成员 3 的发言显示：他开始拓展思考所有可能的影响因素，包括季度的整体流量、促销的产品、销售话术、发货时间、老用户口碑，等等。他尝试把所有可能的因素都列出来，相对全面地盘点当前的业务情况。这就比扎在有限的信息里，盲目地推导结论的团队成员 1 和团队成员 2 要高一个层级了。

团队成员 3 与相关成员的对话

“我想追问几个问题：直播间这个季度的整体流量和之前比有什么区别么？这个数据谁有？”（**尝试找第 1 个影响因素。**）

“我有。投放费用增加了。日均流量比上个季度要多 30%。当时是按照目标增加的额度来配置预算的。”

“那投流来的用户停留时间数据变化大么？”

“不大。目前来看在可以接受的波动范围内。”

“好的。谢谢。那我们直播间卖的产品有大的调整么？还是主打的那两款？”（**尝试找第 2 个影响因素。**）

“产品有微调，但是影响不大。两款主打产品还是黄金时段主要卖的，然后测试了一个新品。”

“哦，所以产品有调整。那销售话术有调整么？”（**尝试找第 3 个影响因素。**）

“这个一直没什么变化。只是活动期间根据促销活动定制的话术有更新。没有用‘618’的，用的是双节的话术。双节话术我们也参考了同行。”

“好的。那我们的下单流程和发货时间呢？”**（尝试找第 4 个影响因素。）**

“发货时间一直是我们的劣势。我们是预售制。退货率高也是因为很多人下单后等不到发货就退掉了。”

“那对我们有什么影响？”

“有的已经安排工厂下单了，会出现损耗。而且表面上下单量高，但是实际营收不太好看。”

“现在，老用户口碑怎么样？”**（尝试找第 5 个影响因素。）**

“没什么人写评论，都是系统自动给好评的。倒是偶尔会有人来直播间催发货。”

“这么看下来，我倒是觉得要想提升销售额应该关注下促销方案、发货时间和老用户维系这几个点。大家觉得呢？”

第 4 个台阶：对关联因素进行权重排序

到了第 4 个台阶，我们的大脑要非常清楚：影响议题的因素原来有这么多，但是每个因素对议题的影响程度其实是不同的，是有权重差异的。只有知道到底哪些因素影响大、哪些因素影响小，我们才能知道在下一步提升时，应该把时间和资源更多地倾向于哪个维度的工作。

案例 5-1 中，团队成员 4 就在尝试做这样的权重分析。他罗列出所有的因素，试图定位到他认为权重最高的因素并重点关注。

团队成员 4 与相关成员的对话

“我梳理一下。目前看下来，大家提到的所有影响销售的因素包括：直播时长、货品质量、促销方案、发货时间、销售话术、直播间流量、直播间选品、主打产品的销售时间、老客户口碑等这些因素。有这么多因素，难道我们都做得不好么？我觉得不是。（**先摆明观点，即不是所有因素都是关键影响因素。**）

不然咱们过去直播间的销售额也不会达到 1500 万元呀。这次肯定是有什么关键因素，让它一下子掉了一半（从 1500 万元掉到 800 万元）！所以我觉得还是促销方案的问题，特别是双节冲销量这两周。要是能拉出来平时直播间和友商直播间的数据，以及双节促销活动这两周的数据，分开对比一下，或许能知道是不是促销方案本身的问题。谁有相关的数据？”（**尝试找更多的数据来论证哪个因素权重最高。**）

“我有。但是我要再整理一下。目前没有计算好的现成数据。”

“好的，那就麻烦你整理一下，一会儿给大家看下数据吧。”

第 5 个台阶：寻找关键假设或隐藏前提

其实，当我们走上第 4 个台阶时就已经对一个议题有一定深度的认知了。但是要想真正透彻地搞明白一件事情，我们一定要看它的边界，也就是它存在的关键假设。

在案例 5-1 中，团队成员 5 和团队其他成员探讨的就是关键假设：是哪些隐藏的信息让大家觉得可以达到 2000 万元的销售额？如果这个隐藏的信息本身站不住脚，那么我们是不是还有必要盘点现在的销售问题？我们是不是更应该关注顶层策略设计的问题？也就是说，我们的销售目标建立在了一个不成立的假设上，那么未能实现目标也是正常的。

团队成员 5 与相关成员的对话

“大家的发言都有道理。我也想看看直播间的数据对比。但是我在想，是不是还有一个问题：我们的目标本身设置得是否合理？友商与我们在工作方式、第 2 季度的销售额上都差不多。这个季度友商的直播间销售额也在下降，而我们设定的目标销售额反而是上升的。所以，我们是不是需要关注一下，为什么当初设定这个目标？是什么让我们相信，我们的直播带货应该能做到 2000 万元的？”**（尝试深挖决策背后的关键假设。）**

“这个我记得。因为咱们在第 1 季度探索完直播带货的方法后就开始增加直播时长，销量也就跟着一直往上涨，所以当时咱们跟营销团队定的就是继续拉长直播时间，然后通过流量补充的方式实现销售。”

“对，当时还说要加新品。新品本身大家都很看好，所以认为也可以提高销量。”

“谢谢两位的补充。所以我们当时有两个很关键的决策依据：一是直播的时间越长，销量越高；二是新品会带来更高的销售额。那我们有没有数据来验证这两个结论是否成立呢？”**（尝试去看关键假设是否成立的数据。）**

“要不我再拉一个新品直播时间段的销售额，对比一下我们的主打产品，看看销量有何差别？”

“嗯，那我也快速拉一个同行的直播时长和销量数据吧。你这么一说我也很好奇，为什么友商的直播时长一直就是 16 个小时，并没有持续延长。”

如果没有第 5 个台阶上的追问，这个团队会继续沉浸在销售额没有达成应该怎么办的讨论上。他们或许会深入挖掘友商的促销方案，形成下一次直播的促销策略。但是，第 5 个台阶“寻找关键假设或隐藏前提”会让大家进一步思考：“对呀，我们的友商销售额也在下滑，下滑的幅度和我们差不多。那么为什么我们会认为是自己有问题呢？有没有可能是大环境导致的？在这样的环境下，我们制定的目标本身是不是不合理呢？”

如果团队不去思考上述问题，而是持续设立不切实际的目标，那么接下来这个团队会一直面对无法达成目标的困扰。

还有一个例子也很经典。一家知识服务机构在复盘的时候发现无论团队如何激发用户需求，客户就是不下单购买新的服务。这家机构过去在保持用户黏性和提高复购率方面做得非常好，但是现在客户不仅在减少和流失，复购率也降低了，很多需求都没有被激发。

这家机构的团队一直都是不畏惧难题的。在复盘的时候，团队的参与度特别高。最后，团队还画出来一张激发需求的武器库大图。这张大图非常详细具体，团队成员对于这个共创的知识产物非常满意，都摩拳擦掌、跃跃欲试，想要马上实践。

正当大家准备拿着这个成果结束复盘会的时候，团队负责人把第 5 个台阶的问题抛了出来："这张大图在什么情况下是好用的？在什么情况下就不好用了？"

这一问就把大家问蒙了。大家又开始愁眉苦脸，觉得好像也没什么情况不能用。这是多好的一张大图呀！于是大家面面相觑，不知道如何回答。

这时，机构的总经理慢悠悠地说了一句："如果现在客户没有钱呢？"

是啊，如果现在客户没有钱，那么单纯依靠机构去激发需求是非常困难的，而且机构要付出的教育成本、销售成本都会远高于以往。这个时候与其使蛮力，不如重新审视市场，看看有没有其他未被满足的新需求。或者采取最"躺平"的做法，即减少消耗、静观其变。如果团队继续蜂拥而上，对于没有预算、没有需求的人展开一堆销售动作，很可能花了大力气、做了大投入，依然徒劳无功，没有效果。

所以，复盘时我们不仅要找到问题在哪里，提出下一次如何做的解决方案，更要知道这个解决方案的适用边界在哪里。并不是所有的促销方案被复制后，销售额就能提升；也不是所有激发需求的方法应用后，用户都会开始买单。解决方案到底在什么情况下能用，在什么情况下不能用？只有讨论清楚这个问题，有关解决方案的讨论才算真正结束。

五层阶梯思考法是我在复盘中最喜欢用的一个分析模型。不过，我发现许多人在实际应用时会觉得很难，所以我为它配套了一份问题清单，以便大家能够更顺畅地运用这一分析模型。

【工具箱】得失分析环节常用问题清单

- 我们现在给这件事情打多少分？没有打满分的原因是什么？
- 有哪些议题需要深度讨论？请尝试列出来。
- 根据目前的数据或信息，你有哪些发现？发现了哪些问题？
- 导致这个（些）问题的原因，可能有哪些？
- 为什么结果与预期不同？哪些因素会带来这个结果？还有其他因素吗？
- 在这些因素中，哪些因素与预期不同，发生了变化？
- 如果没有因素发生变化，我们的哪些认知可能是错误的？我们发现了什么新的因果关系？
- 在同一件事情的影响因素中，哪个因素更重要？
- 在什么条件下，这些影响要素就不会有这么大的影响了？
- 如果条件 A 不存在了，B、C、D 还会引起 E 吗？
- 如果结果与预期一致，我们能提炼哪些可能正确的认知？是否还需要进一步验证？已有数据是否已经足够支持这些认知？
- 对于做得好的部分，哪些是主观因素导致的，哪些是客观因素导致的？未来我们可以复用哪些方面？

- 我们已经提炼的正确认知是否可以转化为 SOP？
- 对于做得不好的部分，哪些是主观因素导致的，哪些是客观因素导致的？未来我们可以把控、提升哪些方面？
- 假设所有因素都处于最佳状态，我们还可以做哪些优化或改进，让事情做得更好？
- 我们还有哪些待验证的假设？我们要如何设计实验来验证这些假设？达到什么标准就算验证成功了？
- 如果下一次遇上同样的问题，我们知道如何做了吗？哪些做法需要坚持，哪些做法需要调整？
- 为了下一次做到满分，我们可以做哪些事情？
- 我们现在的做法背后是否有团队独有的关键假设、做事信念？它们是什么？

在使用问题清单时，你可以根据自己的诉求挑选需要的问题，它们会带着你一步步地挖掘出更重要的问题。

小贴士

如果你觉得五层阶梯思考法仍然很难记住，你也可以运用市面上被大家反复推荐的最简单的“5WHY”（5 个为什么）追问法。简单来说，这个方法就是针对议题连续问 5 个 WHY（为什么）。本书在此不展开讨论。感兴趣的读者可以自行查找资料，或者找我获取相关资料。

5.4 常见问题和难点

读到这里，你可能也发现了，得失分析是整个复盘的灵魂。这一步做得好，复盘的质量和段位就会高。这一步做得不好，那么即便花了不少时间，也可能没有什么收获。

根据过去的复盘实践，我发现这一环节存在一些常见问题。

1. 团队成员能力不行，业务认知也不行，做不到深度思考

首先，发出这种感慨的朋友请不用着急。你的这个感受所有的团队管理者都会有。请相信时间的力量，相信反复刻意练习的力量，相信你的团队。

没有任何一个人或团队的业务认知能力是与生俱来的。复盘和讨论的过程是一个让每个人慢慢学会思考的姿势，然后反复训练，与团队一起提升能力的过程。所有团队都是通过刻意练习，从没有复盘意识、不会复盘，慢慢地走到能深度思考、完整复盘的。所以，如果你的团队现在还不具备这个能力，不必过于担忧。

其次，复盘中即使没有获得所谓的“高认知”，团队也会有新收获。这些收获来自：

- 不同维度的信息的相互补充——可以让大家看到全局；
- 不同人的观点相互碰撞、不同视角的拓展——可以丰富大家看同一件事情的维度；

- 对彼此更深入的理解——可以对每个人的工作环境、工作内容有更多的了解。

因此，如果一开始复盘的起点不高，那就加强信息的曝光和分享，让大家借此机会先做信息的加法，打破看问题的局限性。这也是大脑认知能力训练的关键一环。

前文所列的得失分析环节常用问题清单提供了一些可以引导大家走向深度思考的问题。可以尝试使用这份问题清单，因为好问题往往可以带来好思考。我相信这些问题能够启发大家做出更多、更深入的思考。

2. 讨论和分析很混乱，团队成员缺乏讨论的逻辑框架，想到哪里就说到哪里

首先，陷入混乱有时并不是件坏事。如果讨论的是需要头脑风暴的议题，那么团队就不需要追求绝对的逻辑性。只有在深挖问题的时候才需要逻辑性和聚焦性。

其次，在深入讨论某个议题时，如果没有合格的引导师，这种混乱确实容易发生。因此，我建议你重视引导师这个角色的选择——他（她）是带领大家思考、分析问题的核心人物。

此外，复盘会上还有一个角色是记录员。他（她）的核心职责是记录大家说的内容。当大家发现讨论变得混乱时，可以先停止讨论，通过查看记录员记录下来的信息，一起理思路、找方向，明确现在讨论的主要议题和方向。

3. 团队成员总会互相指责，说着事情时不知为何就开始“人身攻击”了，做不到对事不对人

本书 8.3 节会详细解答这个问题的应对方法。这一问题的解决主要依赖的是引导师的干预。但是作为参与人，团队中的每个人都有责任保持客观、理性地讨论问题的姿势。项目负责人 / 复盘发起人可以提前设置好惩罚方式或者约束方式，并同步给所有参与人以避免“人身攻击”等行为的发生。

4. 只关注问题，不关注最佳实践和做得好的

只关注问题，不关注做得好的可能是行为惯性导致的，特别是当团队对于复盘的价值没有完全达成共识的时候容易出现这一问题。针对这个问题的解决方案如下。

- 和团队的所有人澄清复盘的目的：我们要面向未来给出解决方案，即提出如何让下一次做得更好的解决方案，而不是简单地找到这次的问题。因此，为了之后做得更好，我们要把坏的变好，把好的保持，一定要两手抓。
- 在设置讨论议题时，把做得好的和做得不好的提前设定成讨论方向。
- 在讨论过程中，引导师要随时提醒团队不仅要关注问题，还要关注哪些地方做得好，是需要团队保持的。

不过，并不是所有复盘必须把好的地方与不好的地方都完整梳理出来。你还是需要根据复盘会的目的来决定议题。如果这次复盘就是想盘点问题，那么就可以不做最佳实践的萃取、不梳理那些做得好、需要保持的动作。

5. 过快下结论，不愿意深度思考

在你澄清了复盘的目标和价值并给出了相应的议题引导后，如果参与者依然不愿意跟你一起思考、探索更好的做事方式，那么强推复盘可能并不是一个好的方式。这时需要我们具体问题具体分析。有时，大家不愿意深度思考不光是在复盘环节，而是在任何工作环节上都不愿意花太多时间去思考。那么此时的问题可能是团队管理的整体问题，而不仅仅是复盘的问题。

此外，还存在一种可能性：大家真的不会思考——他们只能任由大脑的自动模式和惯性思维带出来一些草率的结论。在这种情况下，你也不用着急。思考能力是需要反复练习才能提高的。你的目标不是在一次复盘会上让大家学会深度思考，而是通过多次、持续的复盘会，促使大家形成深度思考的意识和姿势，从而逐渐地构建能力。当然，你也可以考虑安排一些专门的培训，为团队提供一个学会思考的框架和训练的梯子。

5.5　案例应用

下面请你通过案例 5-2，尝试一下如何萃取最佳实践。

案例 5-2

业务负责人 A 正在带领他的团队复盘第 3 季度的销售数据。他们销售的是一款直接面向 C 端的日用消费品。目前主要通过直播带货、线下门店两个方式完成销售。第 3 季度的销售额目标是 3000 万元，实际完成 1800 万元。

这家公司有 3 个不同的主播（X、Y、Z）负责直播间的销售工作。这 3 个人中 X 实现的销售额遥遥领先，每次她一上线，销售额肯定比其他人至少高出 20%。在主播的直播话术、卖的产品、直播时长、基础流量基本相同的情况下，X 是如何做到销售额比别人高的呢？

带着这个问题，业务负责人 A 决定和团队一起探索下 X 的工作方式。

请你尝试列举出萃取 X 的最佳实践的访谈问题清单。

【写一写】

请在下面写出你的访谈问题清单。

____

____

____

如果不太会写，你也不用担心，因为最佳实践的萃取都是基于对业务场景的基本了解之上的。很多读者可能对直播场景并不熟悉。没关系，我们可以一起感受下，什么样的问题可以帮助我们拿到想要萃取的场景信息，以及 X 的关键行为信息。

以下是供你参考的访谈问题清单。

“X，你的销售真的做得很出色，能给我们讲讲你上次是如何做到单场销售额达到 500 万元的么？”（**用具体的一个案例故事引导 X 思考自己做了哪些事情。**）

“那天上播前，你都做了哪些准备工作？”（**开始梳理工作流。**）

“上播之后，前 10 分钟发生了什么？”（**继续梳理工作流。**）

“那天的流量有什么异常么？”（**找关键场景。**）

“大概上播多久后出的第一单？”（**找关键场景。**）

“你当时是如何卖的？”（**找关键场景的关键流程和步骤。**）

“你什么时候说的销售话术？说多久后上的链接？”（**找关键行为的触发标准。**）

“关于上链接的最佳时间节点，你有什么关键参考信息吗？”（**找关键行为的触发标准。**）

“之后的销售高峰是什么时间段？你当时做了什么？”（**找关键场景和关键行为。**）

“直播间有那么多人，他们都不认识你，你是怎么说服他们下单的呢？”（**找关键行为。**）

“我发现你很享受吊大家胃口这个过程。你会做什么事情去吊大家的胃口？”（**找关键行为。**）

“你的方法跟其他人的方法比有什么不同？为什么你没有用行业通用方法？”（**找关键行为的触发标准。**）

【送好礼】

本章的内容很具挑战性。能完整看完并且认真完成案例应用的你，一定是非常希望掌握复盘技能的。因此，我决定给所有像你一样认真学习和思考的读者一个特别的福利。

只要你完成本章的学习，并且完成一份不低于 200 字的学习反思和收获笔记，你就可以找我领取一份专属于你的复盘反馈福利。也就是说，未来你可以把你的复盘文档发给我，我将亲自为你提供一次评估和反馈。

工具箱

1. 哪些人值得“萃取”

- 团队中销售业绩最好的；
- 团队中在完成特定工作流程的 KPI 上取得最优结果的（比如在销售中的触达环节上，触达人群数量最多的，或者实现复购率最高的员工）；
- 团队中用户口碑最好的；
- 总能较好地处理客户投诉的；
- 较好地处理了严重事故的；
- 成长速度最快的；
- 拿到友商信息最多的；
- 最懂用户诉求，总能创新开发新产品的；
- 总能起出好名字的；

- 总能写出好文案的；
- 一上台演讲就很抓人的；
- 总能搞定刁钻客户的；

……

2. 绘制工作分析图的问题清单

- 这个场景中有多少个步骤？
- 如何判断一个步骤即将发生了？进入这个步骤的标志性事件是什么？
- 关键步骤的具体工作方法是什么？话术是什么？
- 完成这一步骤的难点是什么？
- 针对步骤的难点，解决方案是什么？
- 这个解决方案与已有的解决方案有什么不同？哪些地方优化了？哪些地方保持不变？
- 如何判断一个步骤已经完成了？完成这个步骤的标志是什么？

3. 得失分析环节常用问题清单（辅助五层阶梯思考法使用）

- 我们现在给这件事情打多少分？没有打满分的原因是什么？
- 有哪些议题需要深度讨论？请尝试列出来。
- 根据目前的数据或信息，你有哪些发现？发现了哪些问题？
- 导致这个（些）问题的原因，可能有哪些？
- 为什么结果与预期不同？哪些因素会带来这个结果？还有其他因素吗？

- 在这些因素中，哪些因素与预期不同，发生了变化？
- 如果没有因素发生变化，我们的哪些认知可能是错误的？我们发现了什么新的因果关系？
- 在同一件事情的影响因素中，哪个因素更重要？
- 在什么条件下，这些影响要素就不会有这么大的影响了？
- 如果条件 A 不存在了，B、C、D 还会引起 E 吗？
- 如果结果与预期一致，我们能提炼哪些可能正确的认知？是否还需要进一步验证？已有数据是否已经足够支持这些认知？
- 对于做得好的部分，哪些是主观因素导致的，哪些是客观因素导致的？未来我们可以复用哪些方面？
- 我们已经提炼的正确认知是否可以转化为 SOP？
- 对于做得不好的部分，哪些是主观因素导致的，哪些是客观因素导致的？未来我们可以把控、提升哪些方面？
- 假设所有因素都处于最佳状态，我们还可以做哪些优化或改进，让事情做得更好？
- 我们还有哪些待验证的假设？我们要如何设计实验来验证这些假设？达到什么标准就算验证成功了？
- 如果下一次遇上同样的问题，我们知道如何做了吗？哪些做法需要坚持，哪些做法需要调整？
- 为了下一次做到满分，我们可以做哪些事情？
- 我们现在的做法背后是否有团队独有的关键假设、做事信念？它们是什么？

本章小结

本章主要讲的是，如何做复盘的第三步得失分析。做好这一步的关键是以下几个方面。

- 提出好问题；
- 学会萃取最佳实践；
- 运用五层阶梯思考法。

得失分析的最佳实践标准是：讨论完相关话题后，团队非常清楚地知道下一次如何做，并且知道这个做法的适用边界和关键假设是什么。所有的复盘都不是简单地找到问题、追究过去发生什么，而是通过讨论发现，未来如何做才可以拿到确定的、更好的结果。

本章知识点思维导图

- 第5章　团队复盘法第三步：得失分析
  - 得失分析在复盘中的价值
    - 带来新认知
    - 发现问题、找到解法
    - 触发讨论，促进共识
  - 重新理解得失分析
    - 得失分析关注下一次如何做
    - 得失分析考验的是大脑认知能力
      - 什么是大脑的认知能力
  - 得失分析如何做
    - 深度思考1：提出好问题
      - 针对缺失的论点、论据进行提问
      - 澄清关键词、关键数据
      - 针对推理过程进行提问
    - 深度思考2：学会萃取最佳实践
      - 找到专家、老鸟
      - 定位关键场景
      - 提炼关键行为
      - 结构化沉淀
    - 深度思考3：运用五层阶梯思考法
      - 提炼发现
      - 寻找原因
      - 寻找所有关联因素
      - 对关联因素进行权重排序
      - 寻找关键假设或隐藏前提
  - 常见问题和难点
    - 团队成员能力不行，业务认知也不行，做不到深度思考
    - 讨论和分析很混乱，团队成员缺乏讨论的逻辑框架，想到哪里就说到哪里
    - 团队成员总会互相指责，说着事情时不知为何就开始"人身攻击"了，做不到对事不对人
    - 只关注问题，不关注最佳实践和做得好的
    - 过快下结论，不愿意深度思考
  - 案例应用

第 6 章

团队复盘法第四步：总结提炼

6.1 总结提炼在复盘中的价值

复盘的最后一个步骤是：总结提炼。

很多人觉得：这一步很简单呀！就是把讨论中提到的核心结论记录一下不就好了。这么想就错了，还是大错特错！如果总结提炼环节没做好，前面几个小时的复盘时间就会白白浪费。

第 1 章讲过，复盘是为了向自己过去的经历学习、挖掘金矿。到了最后一步，就要把这些金矿“盘”清楚，将其作为战利品投入后续的持续使用中。

下面，请跟我一起看看案例 6-1 中几个常见的总结提炼示例。你觉得下面哪一个示例是合格的总结提炼呢？

案例 6-1

示例 1

我们今天的讨论非常充分。请大家回去完成 1、2、3……

示例 2

我们今天的讨论非常充分。我们达成了 A、B、C 这 3 个共识。接下来，要去完成 1、2、3……

示例 3

我们今天的讨论非常充分。我们达成了 A、B、C 这 3 个共识。

我们还有 D、E、F 这 3 件事情待验证。

接下来，我们需要做 1、2、3……这几件事情。

示例 4

我们今天的讨论非常充分。我们达成了 A、B、C 这 3 个共识。

我们还有 D、E、F 这 3 件事情待验证。

接下来，我们需要做 1、2、3……这几件事情。

这几件事情的负责人分别是 XX、XX、XX……，DDL[①] 分别是 XX、XX、XX……

【写一写】

你觉得上面哪个示例是合格的总结提炼呢？

（答案将在 6.2 节中揭晓）

① DDL 是英文单词 deadline 的缩写，意为“截止时间”。

很多复盘会上大家聊得都很开心，但是当复盘会快要结束时，大家头脑里一片空白，什么都没形成。复盘的前三步几乎浪费了整个复盘过程的 70% 的时间。团队的认知和能力没有被进一步巩固和提升。所以，最后的临门一脚，不是随便踢一踢就可以的，复盘的最后一步是有方法的。

那么做得好的总结提炼具体能带来什么价值呢？最重要的价值有 3 个：夯实团队共识、促进改进提升、沉淀团队知识资产。

敲黑板

总结提炼这一步最重要的价值是：夯实团队共识、促进改进提升、沉淀团队知识资产。

1. 夯实团队共识

夯实团队共识是指对当天会议的核心议题、观点、结论进行总结和二次确认。它可以帮助团队回顾今天团队的认知成果到底是什么，帮助整个团队清晰地知道未来做事情的姿势、方法和能力要求是什么，以及共同的“审美”标准是什么。如果缺少这一环节，在复盘即将结束时，有些人可能认为这个项目做得不错，而有些人可能认为这个项目做得一塌糊涂。如果大家对这个项目褒贬不一，没有进行最后总结和二次确认，那么未来团队在进行能力复制时就没有可以参考的基准值。

2. 促进改进提升

复盘关注的是下一次如何做得更好，因此在复盘即将收尾时，厘清需要做哪些事情（后续工作）来提升之后的成功概率是至关重要的。明确后续工作可以帮助把复盘的结论转化成行为实践，真正地带来团队能力和业务结果的变化。

3. 沉淀团队知识资产

复盘是面向未来的。当项目或者任务再次发生时，我们需要知道如何应对，并快速地复制之前的成功经验。那么这些成功经验从哪里来呢？复制的参考依据是什么？这些正是总结提炼这一步的价值体现——通过沉淀团队知识资产总结成功经验和参考依据。

对于今后可以复用的文件，及时地进行整理和归档，才能让我们的团队知识资产有真正的安放之地。有了这些知识资产，无论是未来新人入职时需要快速学习，还是老员工需要制定业务的 SOP，大家就都有了基准参考资料，有助于团队有做事情的基本姿势，取得基础成果。

6.2 总结提炼如何做

6.2.1 如何提炼团队共识

团队共识一般包含 4 类共识：成败共识、亮点共识、问题共识、关键假设共识。

成败共识是指，复盘参与人对于项目是否成功、项目结果是否符合预期，或者项目做到了什么，没有做到什么的一致认识和结论。

亮点共识涉及复盘参与人一致确认的未来可以复用并保证团队拿到结果的行为、方法等。

问题共识是指，复盘参与人对项目中没有做好的方面、遇到的挑战、未来需要关注和避免的问题的一致看法。

关键假设共识涉及复盘参与人对目前不确定但值得持续关注，且可能对业务结果有影响的因素的判断或假设。

在提炼团队共识时，团队可以讨论的问题如下所列。

- 整体来看，这个项目/活动/事件是成功的还是失败的？
- 从这个项目/活动/事件中，我们收获了什么？
- 有哪些成功的地方未来可以复制？如何复制？
- 有哪些做法有待改进？
- 有哪些做法可以推广？
- 如果下次再做同样的事情，我们需要坚持或持续做什么？停止做什么？调整或新增什么？
- 有哪些关键假设需要持续观察和验证？
- 如果有人要进行同样的行动，我们会给他（她）什么建议？

6.2.2　如何布置后续工作

后续工作分为两大类：一类是具体的迭代工作，通常是一些立刻可以开始做的 TODO[①]；另一类是关键假设的验证工作，通常需要等到项目 / 活动 / 事件再次发生时才能开始启动。

这里举个例子。某团队复盘一次针对大客户（KA）的销售过程。由于报价比竞争对手高了 30%，惜败丢单。在复盘过程中，团队发现竞争对手之所以能够给出现在的价格，是因为他们找到了新的供应商，降低了原材料的成本。同时，团队认为由于时间太紧，这次的标书制作样式过于简单、朴素，因此很难给大客户的采购部、财务部的负责人留下好印象，从而影响了技术标的打分。

在这个例子中，团队一致认为公司的采购部需要尽快寻找同样品质的低成本的原材料供应商。这就是一个 TODO。

但是，关于更精美、更专业的竞标文件是否可以成为影响技术标的关键因素，团队并没有达成共识。有的人认为技术标的核心是公司实力，标书设计和美观度的影响权重非常低。于是，这就被列为了待验证的关键假设。这一假设需要在下一次竞标后，才能知道结论。

小贴士

关键假设是指那些需要团队持续收集信息、逐步验证的观点。它可能是一次复盘中的小结论，但并不一定是所有人都认可的“业务真理”，因此它需要被持续关注和讨论。

然而在实操中，大家最容易犯的错误是：仅罗列要做的事情，并没有清晰地分配任务。无论是待办任务还是需要验证的关键假设，

① 指英文 to do。本书中使用 TODO 表示“待办任务”。——编者注

如果没有明确哪个（些）负责人对该任务（工作）负责，那么就会导致复盘的结论没有应用。

那么，我们应该怎么做呢？在撰写和确认后续具体工作时，大家需要写清楚、说明白各项任务的负责人、任务的完成标准和截止时间。对于对执行力有较高追求的团队，还应该标注任务的跟进检查时间。

大家可以参考下面的问题清单进行后续工作（任务）的讨论和澄清。

- 接下来我们该做些什么？具体的 TODO 是什么？
- 每一项工作的负责人是谁？完成标准是什么？截止日期是什么？需要如何跟进？
- 哪些 TODO 是我们可以直接采取行动去完成的？哪些是需要其他层级才能处理的？我们是否需要向上级呈报？
- 我们如何保证今天的讨论结果在下一次的项目 / 活动 / 事件中应用？

敲黑板

在总结提炼环节，很容易被忽视的是澄清各项任务的负责人、任务的完成标准和截止时间。

在管理过程中，许多管理者经常遇到一个棘手的问题：下属的工作质量太差，或者下属完成的任务总与自己的预期相去甚远。为了解决这一难题，我在实践中总结出了一套“234”任务澄清法，并设定了 9 个检查要点。你可以先花一些时间思考并列出在你认为在分配任务时必须向下属明确的 9 个要点。完成这份 9 个要点清单后，你可以将它发送给我。随后，我将分享一份工具箱资料——“交代任务的 9 个非说不可”，这将有助于你更有效地传达任务要求，提升下属的工作质量和工作效率。

小贴士

复盘时，我一般要求参与人至少写出 4 个要点：任务是什么、负责人是谁、完成标准是什么、截止时间是什么。

6.2.3　如何沉淀团队知识资产

团队知识资产主要是指，项目文档、会议文件、最佳实践萃取的总结文档、项目执行时间表、项目工作流程图、任务的 SOP、工作清单、任务检查清单等未来可以反复用到的文档。

团队知识资产的整理需要有人专门负责，即负责跟进相关文档的存储工作、管理相关文档的存放位置和阅读权限。比如，指定专人负责收集相关文档，将其放在共享文件夹，并设置文档的阅读权限。

小贴士

复盘协作文档、公共网盘等是沉淀团队知识资产的重要载体。

在案例 6-1 中，有 4 个总结提炼的示例供你思考哪一个示例是合格的。现在我来揭晓答案——在这 4 个示例中，没有一个示例完整地呈现了总结提炼这一步需要呈现的内容，所以都不合格。

示例 1

我们今天的讨论非常充分。请大家回去完成 1、2、3……

（缺共识、缺知识沉淀，TODO 描述也不够完整。）

示例 2

我们今天的讨论非常充分。我们达成了 A、B、C 这 3 个共识。接下来，要去完成 1 、 2 、 3 ……

（缺知识沉淀，TODO 描述不够完整。）

示例 3

我们今天的讨论非常充分。我们达成了 A、B、C 这 3 个共识。

我们还有 D、E、F 这 3 件事情待验证。

接下来，我们需要做 1、2、3……这几件事情。

（缺知识沉淀，TODO 描述不够完整。）

示例 4

我们今天的讨论非常充分。我们达成了 A、B、C 这 3 个共识。

我们还有 D、E、F 这 3 件事情待验证。

接下来，我们需要做 1、2、3……这几件事情。

这几件事情的负责人分别是XX、XX、XX……，DDL分别是XX、XX、XX……

（缺知识沉淀，TODO描述不够完整。）

为了方便你在总结提炼过程中不会遗漏关键动作，我建议你使用表6-1完成总结提炼这一步的内容汇总工作。

表6-1　总结提炼：内容汇总表

提炼团队共识	共识维度	共识内容	备注	
1	成败共识：项目结果是否符合预期？	有关项目是否成功或项目结果是否符合预期的结论		
2	亮点共识：做对了什么？	未来可以复用并保证团队拿到结果的行为、方法等		
3	问题共识：做错了什么？	没有做好的方面、遇到的挑战、需要关注和避免的问题		
4	关键假设共识：哪些假设待验证？	对目前不确定但值得持续关注，且可能对业务结果有影响的因素的判断或假设		
布置后续工作	**相关TODO**	**负责人**	**截止时间**	**工作要求/标准**
1	完善本次复盘文档			
2	撰写工作手册			
3	研究竞争对手解决方案			

（续）

布置后续工作	相关 TODO	负责人	截止时间	工作要求 / 标准
4	收集 XX 数据，分析 XX 假设是否成立			
5	待验证的关键假设 1			
6	待验证的关键假设 2			
7	待验证的关键假设 3			
沉淀团队知识资产	文档内容	负责人	截止时间	工作要求 / 标准
1	方法论：N 步法、XX 工作框架			比如，存放到运营文件夹
2	清单：流程文档、话术清单、任务检查清单等			比如，存放到实操工具文件夹
3	SOP：具体执行步骤			比如，存放到 http://xxx 链接上

6.2.4　复盘何时结束

到此为止，整个复盘是不是就结束了呢？其实还没有。

不敢相信吧？我们这么完整地把团队共识、后续工作、团队知识资产都梳理和整理了，为什么复盘还没有结束呢？**这是因为，我**

们在这几步中都只是在构建新的认知，但并没有构建新的能力。

敲黑板

复盘的结束时间节点必须是所有的复盘任务都执行完成，且所有相关的结论或假设均得到实际应用或验证的时候。只有把认知转化到实践中，团队才有可能真正构建能力。

这意味着复盘的结束时间要比复盘会的结束时间延迟很多。比如，如果上个季度的复盘得出了“发货时间提前可以减少退款率”的结论，那么只有确实调整了发货时间，并且持续地观察到退款率确实降低了，这个结论才算成立。也就是说，只有进行了实践和落实，确认了这个结论，相关的复盘才能正式宣告结束。

再比如，在项目复盘时发现的关键假设是“直播时间超过 16 小时后，增加的时长与销售额并不直接成正比”。这个关键假设需要至少 3 场超过 16 小时的直播和 3 场没超过 16 小时的直播做对比，才能进行验证。也就是说，这一关键假设的验证要在完成这 6 场直播并拿到相关的数据分析后才算完成。

复盘不是为了让大家学会写漂亮的文档。没有实际应用价值的复盘是一种浪费。因此，总结提炼的工作完成后，即使复盘会结束了，但复盘还没有结束。我强烈希望大家咬紧牙关，通过跟进复盘结论、进行后续工作、落地执行团队知识资产，来确保一次次的复盘认知切实能够转化成具体的行动成果。

6.3　常见问题

总结提炼环节本身难度并不高，比拼的关键就是勤奋和耐心。在这个环节我常看到的问题或错误包括以下几种。

1. 没总结

草草收尾，不对复盘进行认真地总结。复盘时，大家聊了一堆，但最后没什么结论。

2. 没有下一步工作

大家都觉得参加了有价值的讨论，学到了很多。但是接下来的改进和提升方案是什么、具体要做哪些工作或任务，大家依然是两眼一抹黑。

3. 草率地布置任务

列出了下一步工作，但是没有明确工作任务的负责人、任务完成标准和截止时间，从而导致任务列出来后没有人去做。

4. 无人跟进

好不容易梳理出了共识、后续工作并汇总了文档，但是会议结束后，文档和文件夹就再也没有人关心了。就连列出来的任务也没有人关心执行进度。截止日期更是一个摆设，没人在意。整个复盘轰轰烈烈，最后却是白忙活半天。最终，复盘的结论也没有转化成能力。

前述问题或错误你一定要竭力避免，防止虎头蛇尾的发生，白白浪费所有人的时间。

6.4 案例应用

下面是案例 6-1 中的示例 4。根据已经学习的内容，思考一下示例 4 的总结提炼还需要补充什么内容。

我们今天的讨论非常充分。我们达成了 A、B、C 这 3 个共识。

我们还有 D、E、F 这 3 件事情待验证。

接下来，我们需要做 1、2、3……这几件事情。

这几件事情的负责人分别是 XX、XX、XX……，DDL 分别是 XX、XX、XX……

【写一写】

你觉得上面的总结提炼还要补充哪些内容呢？

参考答案

首先，复盘会即将结束时大家要在多个维度上达成共识。比如，这个项目是成功还是失败的、项目中的关键发现和认知有哪些、项目执行过程中哪些方面是做得好的亮点，以及项目出现了哪些问题。

其次，针对之后的工作如何开展，大家要有对 TODO 的共识。这些 TODO 既包括具体要完成的工作任务，也包括需要持续验证的关键假设。但是不管是哪种，都需要有清晰的任务描述、负责人、完成标准和截止时间。

最后，复盘是需要沉淀知识资产的。比如任务的 SOP、话术模板的参考信息，等等。这些都需要以附件的形式或者文档链接的形式加在复盘会文档上，方便今后查阅。

工具箱

1. 总结提炼：内容汇总表

提炼团队共识	共识维度	共识内容	备注
1	成败共识：项目结果是否符合预期？	有关项目是否成功或项目结果是否符合预期的结论	
2	亮点共识：做对了什么？	未来可以复用并保证团队拿到结果的行为、方法等	
3	问题共识：做错了什么？	没有做好的方面、遇到的挑战、需要关注和避免的问题	
4	关键假设共识：哪些假设待验证？	对目前不确定但值得持续关注，且可能对业务结果有影响的因素的判断或假设	

（续）

布置后续工作	相关 TODO	负责人	截止时间	工作要求 / 标准
1	完善本次复盘文档			
2	撰写工作手册			
3	研究竞争对手解决方案			
4	收集 XX 数据，分析 XX 假设是否成立			
5	待验证的关键假设 1			
6	待验证的关键假设 2			
7	待验证的关键假设 3			
沉淀团队知识资产	文档内容	负责人	截止时间	工作要求 / 标准
1	方法论：N 步法、XX 工作框架			比如，存放到运营文件夹
2	清单：流程文档、话术清单、任务检查清单等			比如，存放到实操工具文件夹
3	SOP：具体执行步骤			比如，存放到 http://xxx 链接上

2. 总结提炼环节的讨论问题清单

在提炼团队共识时，团队可以讨论的问题如下所列。

- 整体来看，这个项目 / 活动 / 事件是成功的还是失败的？
- 从这个项目 / 活动 / 事件中，我们收获了什么？
- 有哪些成功的地方未来可以复制？如何复制？
- 有哪些做法有待改进？
- 有哪些做法可以推广？
- 如果下次再做同样的事情，我们需要坚持或持续做什么？停止做什么？调整或新增什么？
- 有哪些关键假设需要持续观察和验证？
- 如果有人要进行同样的行动，我们会给他（她）什么建议？

在布置后续工作时，团队可以讨论的问题如下所列。

- 接下来我们该做些什么？具体的 TODO 是什么？
- 每一项工作的负责人是谁？完成标准是什么？截止日期是什么？需要如何跟进？
- 哪些 TODO 是我们可以直接采取行动去完成的？哪些是需要其他层级才能处理的？我们是否需要向上级呈报？
- 我们如何保证今天的讨论结果在下一次的项目 / 活动 / 事件中应用？

本章小结

本章主要讲的是，复盘的第四步总结提炼如何做。做好这一步可以产生 3 个重要价值：夯实团队共识、促进改进提升以及沉淀团队知识资产。

总结提炼这一步关键的复盘动作包括：

- 达成团队的成败共识、亮点共识、问题共识以及关键假设共识；
- 布置后续具体工作，包括具体的待办任务和关键假设的验证工作；
- 沉淀团队知识资产，包括收集和管理重要的工作文档。

此外，本章还强调了复盘会的结束并不意味着复盘的结束。好的复盘一定是有完整闭环的。只有在复盘结论都完整地应用到实践中并拿到相关数据结果后，所做的复盘才算真正地结束。

本章知识点思维导图

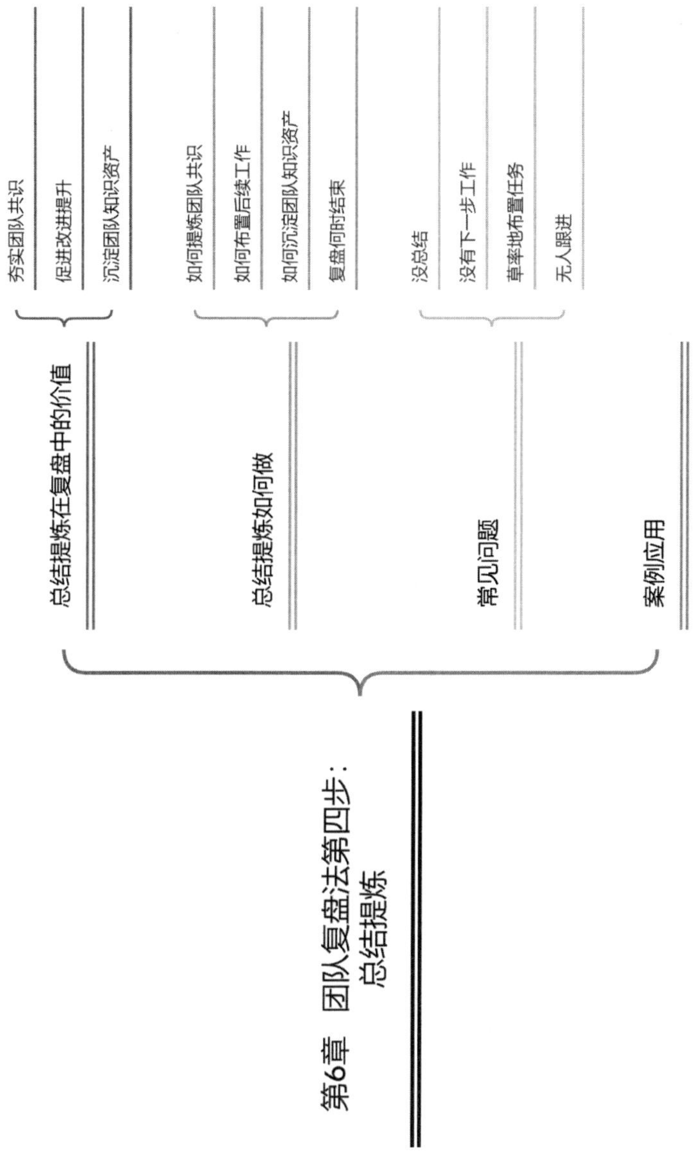
第6章　团队复盘法第四步：总结提炼
总结提炼在复盘中的价值
夯实团队共识
促进改进提升
沉淀团队知识资产
总结提炼如何做
如何提炼团队共识
如何布置后续工作
如何沉淀团队知识资产
复盘何时结束
常见问题
没总结
没有下一步工作
草率地布置任务
无人跟进
案例应用

第三部分 实操篇

从第三部分开始，我将用 3 章的篇幅带领你进行复盘实操。虽然本书前面的章节大量地讨论了复盘方法和具体的复盘内容，但是一个好的复盘，不能只停留在方法和内容上，还要从组织的视角关注前期的准备工作以及复盘的核心角色——引导师。

在第 7 章中，我将为你梳理非常落地的复盘准备工作方案，让你不仅理解每项工作的价值，还能有工具和模板拿来就用、用了就会。这些工具和模板对于新手“小白”来说是非常友好的。

此外，我将在第 8 章为你介绍如何做好复盘引导师。过去，很多复盘引导师都是聘请的第三方专业顾问，但是越来越多的管理者打算自己组织复盘会而不借助外力。那么，如何引导和主持这样的会议呢？在第 8 章我会提供具体的方法和引导流程，配上引导师专用的工具和模板。即使你从来没有做过引导师，按照第 8 章教授的方法去做，第一次当引导师的你至少不会遭遇“滑铁卢”。

本篇的最后一章将聚焦线上复盘的方法。不少团队因为异地办公或者出于降低开会成本的考量，会在线上组织团队进行复盘。那么如何组织线上复盘呢？如何在彼此看不见的情况下，依然保持团队的参与热情，高效地开一场线上的高质量复盘会呢？对这个话题感兴趣的读者可以在第 9 章中寻找答案。

第 7 章

如何准备复盘会

一提起复盘，总有人觉得这是个巨大的工程。所需时间至少 4 个小时吧？如果算上准备时间和即将结束时的整理和总结时间，怎么也是一个 8 小时的工作量。我的天，想想就头大。

事实上，复盘可以应用于多种场景。由于不同场景下的复盘目的不同，需要通过复盘获取的信息也不同，因此复盘的形式、流程以及复盘所需的时长都会有显著差异。那么针对不同的情况我们应该采用什么样的复盘形式、开多长时间的复盘会呢？

为了更好地帮助你了解如何发起一次复盘，本章将带领你完整地梳理一遍复盘的准备工作。无论未来何时需要组织复盘，你都可以将本章内容当成你的工作清单，从头到尾地读一遍。

7.1 确定复盘方向

好的复盘都有清晰的复盘方向。我们为什么要花时间对一个项目或对一段时间的工作进行复盘？目的是什么？通过这次复盘，我们希望获得哪些方向的认知，为未来哪些维度的成长做铺垫？

第 1 章提到过，复盘最基本的目标是形成面向未来的能力。复盘可以帮助你从过去的经验中找到未来可以复用的知识、方法、步骤，从而在未来的工作和生活中能相对稳定地拿到想要的结果。那么具体是哪些方面的能力呢？

根据经验，最常见的复盘方向有两类。

1. **决策能力提升**：这类方向的复盘内容可能涵盖一个事情要不要做、该不该做；当时做某一决策的背景和目标是否吻合；当时设计的目标是否合理，指标设置是否脱离现实；项目本身是否是现阶段的正确选择，等等。
2. **执行能力提升**：这类方向的复盘内容可能涵盖当初在做项目设计的时候关键里程碑是否有丢失；关键任务完成得如何；哪些工作带来了好的结果和最佳实践；针对重大问题找到解决方案，等等。

你是不是觉得上述内容与成败认定环节中明确复盘会目标的做法很相似？是的。我们在组织复盘会之前，要对复盘会做一个大方向的定调。同时，在复盘过程中，我们也需要再次确认这个方向是否需要改变。

为什么确定复盘方向这件事要做 2 次呢？我先和你分享一个真实的复盘故事。

一家创业公司的联合创始人在某平台机构听完我的课后决定带着团队做一次复盘。他拿着复盘文档来找我咨询。以下是我们之间的对话记录。

“老师，我们的团队做了一次复盘，想让您看看这个复盘做得怎么样。”

“哇，你这个复盘文档很细致呀。是写了 10 页？”

“是的。我们很认真地按照您说的四步法做了准备和复盘。之后也做了文档。您看，我们把当时项目的整体规划方案、时间表、关键里程碑、关键任务，以及每一步具体是怎么做的都复盘了。从任务线到团队管理线，我们分别做了梳理，还沉淀了我们工作的 SOP 和任务管理模板。几乎每个人都参与了讨论，大家还是比较开诚布公地讨论了项目上的问题和挑战，也一起讨论了经过迭代的可能解决方案。”

“确实很用心呀。那你觉得，达到你想要的效果了么？”

“怎么说呢……确实体验了一把复盘。但是，我们依然不知道下一步怎么做。”

“哦？为什么呢？你在 TODO 里面写了很多可以做的事情呀？”

“是的。但是这些 TODO 并没有解决我现在的业务难题。”

“……”

我没有一下子接话，因为我不敢相信对方这么认真地筹备复盘，做了这么细致的复盘记录和文档，怎么会没有用呢？但是，我很快想到了一个很重要的问题，于是我追问了一个问题。下面是我们之间的对话记录。

“你们这次复盘的目标是什么？”

“老师，这次的项目是一个新的合作模式的尝试。我们团队第一次做，所以我当时发起复盘是想和团队看看下次如何做。”（**请注意，这是在准备复盘时，也就是开展复盘前定下来的复盘方向。**）

“好。然后呢？”

“我复盘之后，觉得自己还是蒙的。”

“嗯。看到你的复盘文档，我以为你想直接做迭代优化。听你这么说完，现在的复盘目标看上去是另外一个方向。一个复盘目标是想确定以后是否还能采用这个新合作模式；另一个复盘目标是，在这种新的合作模式下下次如何执行。你想要的是哪个方向？”

“嗯…… 我之前没拆这么细。但是现在听上去，我应该是 2 个都想要。”（**请注意，在实际复盘时，复盘方向变了。**）

“哦。那你刚才说，你现在不知道下一步怎么做，是指这 2 个方向都不知道怎么做么？”

“不是的，老师。我们这次对于整个项目是如何执行的做了非常详细的复盘，所以如果再做，我心里基本有谱了。但是，这个项目接下来是不是可以复制，我们的商业模式可否基于这个模式去发展，我不是很确定。”

读到这里，你发现这位创业者的卡点了吗？这位创业者之所以花了大量的时间却没有拿到他想要的结果，是因为最开始的复盘方向或复盘目标是模糊的。他的那句“想和团队看看下次如何做”是一个没有被清晰描述的复盘方向。“下次如何做”既可以指如何继续这个商业模式，也可以指如何执行得更好。

然而，他提到了自己是个创业公司，现在还在探索商业模式。复盘的项目是新合作模式的尝试，是第一次做，所以从公司未来的生存和发展来看，他现在更重要的复盘目标是去评估这样的合作模式是否可行，是否有可能被复制。如果是这样，复盘的关注点就变成了以下问题。

- 这个合作机会或合作线索是从哪里来的？获取这种合作线索的渠道是否可以复制？
- 当时为什么决定接这个项目？我们想拿到什么结果？对方想拿到什么结果？实际上达成目标了吗？
- 这个决策过程中，我们做了哪些关键假设？哪些关键假设被验证了？哪些关键假设的验证结构与我们预想的不同？
- 在合作过程中，哪些合作模式被验证为是可行的，哪些是不可行的或者有矛盾的？
- 这次合作的分成和利润如何？是否可以覆盖成本？未来复制这样的合作是否可以赚钱？

你看，当我们开始把视角转向复盘决策过程，看看这个决策是否正确的时候，所有讨论的内容和着力点跟我们复盘执行过程是完全不同的。然而在实际的复盘中，因为这位创业者在筹备复盘时的目标和他的团队在复盘会上的目标没有被清晰地呈现和再次确认，所以团队在讨论的时候，就顺着场域下意识地“钻”到了执行细节。

于是，对公司商业模式设计层的复盘就被忽略了。

> **敲黑板**
>
> 复盘的时候，最怕的就是带着复盘决策的目的做了一场执行层面的复盘。

做复盘的时候，我最怕的就是带着复盘决策的目的做了一场执行层面的复盘。对于每个想要提升决策质量的人来说，这样的复盘无疑是使了蛮力、浪费了时间。

> **敲黑板**
>
> 复盘决策帮你提升的是应对“不确定性”的能力，而复盘执行则是帮你提升结果的“确定性”。

复盘决策帮你提升的是应对“不确定性”的能力，而复盘执行则是帮你提升结果的“确定性”。无论是在个人生活中还是工作职场上，这两者是完全不一样的事情。所以，一定要时刻保持清醒，弄清自己的复盘到底要的是什么。

7.2　选择复盘形式

当确认了复盘方向后，第 2 个重要的事情就是确定复盘形式。所谓复盘形式，就是你想一个人复盘还是一群人一起复盘；你想口头复盘还是文字复盘；你想要轻松点儿的随便聊两句的复盘对话，还是想开个严肃、完整的讨论会议。

但复盘形式的选择其实不是简单地拍脑门决定的，它与我们通过复盘想获得的价值大小直接相关。因此，在为大家呈现复盘形式之前，我们先看看复盘的价值会受哪些因素影响。

7.2.1　时间维度

在 2023 年杭州亚运会上，跳水小将全红婵几乎霸屏了。每次打开朋友圈，“没有水花的 10 米跳台纯享集锦”都会强势地出现在我的面前。而我最关心的是全红婵每次上台前和下台后教练对她的几句简单的叮嘱。

这种简单的叮嘱就是一种非常典型的口头复盘。简短的叙述、快速的建议和共识、几分钟就说完了的几句话，会直接影响运动员上了跳台后的动作侧重点。这就是复盘的短期价值，特点就是短平快，够用就行。这种口头复盘不追求形式、不追求严谨，甚至不求留痕。

相反，当中国男篮惜败菲律宾，无缘 2023 年亚运会决赛的时候，主教练乔尔杰维奇和队长赵继伟的心里大概率想的不是一个短平快的复盘。他们的常规动作应该是回去后把所有的比赛视频调出来，一帧一帧地看，一个球一个球地分析，从而全面地找到这次无缘决赛的关键问题。到底是战术问题还是基本功问题或配合默契度问题？这样的分析和发现可以在未来的较长时间内被反复使用，指导实践。这样的复盘结论是有复利效应的。

因此，当你不需要一个结论产生长时间影响时，可以倾向短平快的复盘，而当你需要深度研究、仔细斟酌，以确保未来可以复用时，就应该花点儿时间做深度复盘。

7.2.2 受影响的主体

除了在时间维度上的价值不同，从复盘得到的结论将影响多少人也是评估复盘价值很重要的维度。举例来说，在同样的 2 个小时里，管理者是跟一个员工讨论一个人的认知和成长，还是带领一群人一起讨论业务，训练团队形成对同一件事情的思维方式，最终达成认知共识、做事姿势共识？这个决策通常是根据团队的需求决定的。

我有个学员，她的公司是做考研辅导的。公司招募志愿者作为社群“班班”，然后通过“班班”来销售考研辅导课程。这些志愿者本身都是学员，都很认可这套辅导课程，所以才愿意成为志愿者，自己也可以赚一些外快。

她问我：“老师，现在的复盘，我是让大家一起进行的。但是很多人私下跟我反馈说，太浪费时间了。我是不是不应该拉着大家一起复盘？是不是以一对一的方式和他们沟通每周的进度就足够了？”

面对这样的问题，你会如何回应呢？你可以先停下来，仔细思考下……

小贴士

是跟一个人复盘还是跟一群人复盘最主要的判断依据是，你是想赋能个体还是想赋能群体。

针对她的问题，我是这样回应的。

我："招募志愿者进行销售是你的核心销售模式么？"

她："是的。我们主要靠志愿者来卖。我们提供销售分成和激励机制。"

我："你们做销售培训么？会给哪些销售支持？"

她："这个部分目前比较薄弱。我们的做法类似于自然淘汰。就是你来了以后，卖得好，你就能拿到钱，你肯定就愿意卖。如果你卖得不好，你自己也就不愿意干了，就被自然淘汰了。"

我："你们现在的志愿者足够多吗？招募费劲儿么？"

她："还可以，招募就能有。"

我："那大家的销售能力差异大么？销量的波动对你来说能承受么？"

她："差异很大。波动对我们的利润肯定有影响，因为有的'班班'很会卖，转化得很好；有的'班班'就不太会卖，几乎一个班就废掉了。"

我："那你如何保证大家能达到基准转化率，从而让项目赚钱呢？"

她："给他们出 SOP？我们也想过，但是因为大家做得都不一样，你引入了这个人的动作，但另外一个人说我不是这么做的，但是我也转化了。这样的话，就很尴尬。"

现在，你看到这位学员的卡点了吗？其实，如果她不追求最基准的转化率，不追求大规模扩张学员数量，那么是否组织所有人一起复盘并不重要。她跟现在的志愿者一对一地完成复盘和讨论就足够了。但是，如果开始考虑复制销售人员，且要保证一个转化率基线，那么现在需要做的是，带领一群人找到他们成功路径上的共性，以及可以让新人避开的坑。这些认知将在一段较长的时间内被有经验的志愿者和新招募的志愿者共同拥有和实践。因此，这种情况下，让大家一起复盘、一起提炼，效率和效果会更好。

所以，在选择复盘形式的时候，我们首先要想清楚，打算在未来多长时间内使用复盘结论以及想让多少人使用复盘结论。这就基本决定了这次复盘将用什么形式进行——是口头沟通、线上文档，还是线下会议。

我为你梳理了一个“复盘形式选择表”（表 7-1），供你参考使用。

表 7-1　复盘形式选择表

	短期用	长期用
个人用	自己复盘	写复盘文档
团队用	碰头会 简单的口头沟通	写复盘文档 开复盘会

此外，我还准备了 2 个工具箱。工具箱 1 是选择复盘形式的问题清单。在问了自己这些问题后，你就可以从表 7-1 中选出适合你的复盘形式。

【工具箱 1】选择复盘形式的问题清单

- 我是否需要在未来多个类似项目上应用这次复盘的结果？
- 我是否需要让所有人在这件事上达成共识？
- 我是否需要文字存档，以供后续回顾，在实操时参考和使用？
- 我是否需要训练整个团队发现问题、分析问题、解决问题的能力？
- 我是否需要促进团队达成关于工作标准的共识？我是否需要让团队明确什么是好的做法，什么是不好的做法？

工具箱 2 是一张概览表，它可以快速地帮助你定位不同形式的复盘的适用情况，以及复盘形式的价值。

【工具箱 2】复盘形式选择参考表

	自己复盘	跟团队一起复盘	价值
口头复盘		开碰头会，简单沟通； 直接聊问题和结论，迅速达成共识，明确 TODO	短平快、调整迅速、能够指导下一次的短期工作
文字复盘 （复盘文档）	适合单人任务；属于个人成长复盘	通过协同文档，让每个人各自完成复盘内容的撰写。 准备过程中，每个人实际上是在完成自己的个人复盘。 适合低协作项目，且管理者希望收集信息、沉淀经验，也适合团队一起开会效率低的场景	有沉淀、有记录； 能够指导长期的工作，结论可以反复使用

（续）

	自己复盘	跟团队一起复盘	价值
复盘会		适合需要高度协同且复杂的项目；适合关键决策复盘、战略复盘等	全面、完整；可促进达成思维共识、标准共识、结论共识；促进团队认知迭代

实操注意事项

根据我多年的实践，我强烈建议你尽可能和团队一起复盘，因为个人复盘和团队复盘之间存在很大的信息量差异。同时，你的个人主观视角可能也会影响问题的归因。

这里举个例子。我曾经参与一家头部游戏公司的季度 OKR（Objectives and Key Results，目标与关键成果）复盘会。当时，公司的海外发行负责人抱怨说，游戏中一直存在的 bug 导致玩家的体验非常差、客服团队一直在处理投诉。他提出的问题直指研发团队的技术能力。

这时，该项目的产品经理也加入了讨论。他指出这个项目的整体排期非常紧张，并且最近公司的研发中台正在进行底层架构的代码迭代和更新，这对每个项目的核心代码都会有影响。尽管研发团队已经加班加点地在排查问题，但由于工作量远超目前人员的承受能力，因此研发团队很难在规定的上线日期和发行日期前实现符合预期的体验效果。

你看，如果没有产品经理补充的这 2 条信息，海外发行负责人很可能会将 bug 问题归因为研发人员的技术能力问题。然而，在有了这 2 条信息后，你会发现这实际上是一个涉及跨团队协作和沟通的问题。因此，团队一起复盘时发现的问题比一个人复盘时根据有限信息得出的结论更接近问题的本质。

此外，对于需要高度协作的项目、复杂度高的项目、探索新方向的项目、关键客户的项目，以及重要的战略级项目等，我建议尽量采用严肃的复盘会形式。这些项目的复盘不仅仅是简单地回忆事件、萃取认知，也是一个沉淀团队认知资产、提升团队的学习能力、促进群体成长的好机会。花几个小时的时间让大家进行深度思考并记录认知，是让所有人都能受益的事情。

7.3　明确复盘角色

接下来的第 3 步是明确复盘角色。这一步对于选择团队复盘形式的组织来说非常重要。在涉及多个人的复盘时，清晰地区分复盘参与人的角色，明确各自的职责是高效复盘的前提条件。

在复盘过程中，通常有 3 个角色：复盘的发起人、复盘过程中的引导师，以及复盘的参与人[①]。这 3 个角色在进行文档类复盘时的职责和在复盘会上承担的职责会略有不同。你可以参考下面的 2 个表格（表 7-2 和表 7-3）。

① 参与人是指除了复盘发起人、引导师之外的其他复盘参与者。——编者注

表 7-2　文档类复盘的 3 个重要角色

	发起人	引导师	参与人
职责	定议题、定复盘目标	设计复盘文档的结构以及需要填写的复盘内容； 跟进文档的撰写进度； 对文档内容进行总结； 分发最终版本的复盘文档并留存	提供信息、填写文档
人员类型	团队负责人、项目负责人等主责人	可以由发起人担任； 也可以由发起人委派给团队成员完成	围绕复盘议题的相关方
履行职责时的注意事项	向所有参与人澄清复盘目标； 澄清复盘文档的撰写要求； 明确需要参与人提供的复盘信息； 进行必要的授权	撰写复盘文档的结构以及内容时需要与发起人反复确认是否符合复盘目标、是否缺失信息； 最终的复盘文档并不追求收集所有信息，而是需要平衡信息的颗粒度与复盘目标的需要	及时、完整地提供复盘所需要的相关信息； 对自己的复盘质量负责，切忌敷衍了事

表 7-3　复盘会上的 3 个重要角色

	发起人	引导师	参与人
职责	定议题、定复盘整体目标	维护复盘会秩序； 通过提问引导对话； 推进讨论流程	提供信息； 参与讨论； 也可以提出问题
人员类型	部门负责人、CEO、项目经理、团队负责人等主责人	可以由发起人担任； 也可以由第三方或者 HR 担任	参与复盘的相关方（参与人、负责人、顾问等）
心态要求	开放、实事求是； 相信成长和自我改变	打造安全对话场域（场外视角 + 场内视角）	开放、实事求是； 停止抱怨、相信自我改变； 尝试拔高视角

实操注意事项

1. 在进行个人复盘的时候，这 3 个角色都是你自己。
2. 当团队开复盘会的时候，复盘发起人通常扮演引导师的角色。但是这并不是最佳实践，因为引导师是需要有会议引导技能的。如果你还没做过复盘引导师，强烈建议你看完第 8 章的内容，评估下自己是否可以承担这个角色。如果无法承担，建议你找一个有引导技术的 HR 或者第三方来配合完成。
3. 复盘的成功与否与信息提供的完整程度直接相关。因此无论是文档类复盘还是复盘会，发起人和引导师都需要在复盘准备环节，花时间好好想想需要参与人提供哪些数据和信息。这一步体现了“磨刀不误砍柴工”。一旦没有做到位，几乎后续所有为复盘付出的时间就被浪费了。

7.4　设计复盘流程

你可能会说，复盘流程不就是你说的四步法么。不是的。复盘流程主要是指，针对这个复盘会你整体是如何设计的，这涉及复盘前、复盘中以及复盘后的每项具体工作。

复盘前，除了前面提到的确定复盘方向、选择复盘形式以及明确复盘角色，还有复盘动员、复盘任务布置、复盘信息提前填写等一系列的工作。这些工作直接关乎复盘参与人的积极性、复盘现场氛围、复盘议题的讨论素材是否够用等关键因素，从而直接影响复盘会的整体质量。因此，以上工作都是在设计复盘流程时需要做出思考的地方。

此外，复盘过程中的流程也不仅仅是指复盘方法论中的步骤。特别是以会议形式组织的复盘，还会涉及会议的设备准备、会议预热活动、中场休息的安排、每个讨论环节的具体开展形式，以及是否设立奖励机制，等等。

最后，复盘后的工作流程也很重要。如果一次复盘没有后续的跟进，那么很多达成的共识可能就没有了下文。动作一旦没有闭环，执行效果就会大打折扣，复盘的时间也就白白浪费了。

这些流程和节点的设定和选择，就是复盘的发起人和引导师的核心职责。如果你是第一次发起复盘，或者第一次承担引导师的角色，你可以先套用我提炼总结的复盘流程自检清单（表 7-4），然后在实践过程中慢慢迭代。

表 7-4 是一个较为通用的复盘流程自检清单（流程模板）。这张表中标着 O（optional）的节点是可供选择的环节，而标着 M（must）的节点是强烈建议你执行的环节。

敲黑板

所有的复盘发起人、引导师都可以参考表 7-4 所示的流程模板来筹备复盘会。

表 7-4　复盘流程自检清单

复盘前	复盘中	复盘后
文档类复盘 & 复盘会公用 1. 选择复盘项目（M） 2. 确定复盘方向（M） 3. 选择复盘形式（M） 4. 明确复盘角色（M） 5. 设计复盘流程（M） 6. 动员参与复盘（M） 7. 布置复盘任务（M） 8. 收集复盘信息（M）	文档类复盘 1. 各自在规定日期前填写内容（M） 2. 引导师完成整理和总结（M） 复盘会 1. 开场破冰（O） 2. 就复盘目标达成共识（M） 3. 强调复盘规则（M） 4. 澄清会议流程（M） 5. 进入讨论环节（M） 6. 复盘会总结（M）	文档类复盘 1. 引导师分发复盘最终文档（M） 2. 留存文档（M） 复盘会 1. 补齐缺失的文档、数据（M） 2. 跟进 TODO（M）

实操注意事项

1. 设计复盘流程不需要追求完美，这一工作没有标准答案。你只须记住，所有的复盘都需要有一个流程来保证所有人都知道如何完成这一工作。对流程达成共识的价值远大于追求流程本身是否合理的价值。
2. 设计复盘流程时，最重要的是要想清楚 3 件事情：①复盘前，大家需要知道什么，如何让大家知道；②复盘过程中遇上各种情况时应该如何处理；③议题讨论顺序及侧重点。这 3 件事情是复盘发起人和引导师需要在正式复盘前提前沟通和设计好的。

7.5 其他复盘前的准备工作

在前面的复盘流程自检清单中还有“动员参与复盘”“布置复盘任务”等内容。本节将详细讲解上述内容如何完成。

7.5.1 动员参与复盘

我在授课和接受咨询的过程中发现，很多人对复盘方法很感兴趣，但是在如何启动这个工作上心存疑虑。比较常见的一个阻碍因素是，在过去的复盘中发生过不太愉快的事件，导致大家对重新开启一次高质量的复盘没有信心。

比如，有的团队过去的复盘就是流于形式，大概处于段位二和段位三的水平。因此，团队非常担心如果再做复盘大家还是会匆匆走过场，没有变化，耽误时间。

再比如，我的学员中不少人都在复盘中经历过冲突和争吵。大家无法达成共识是小事，关键是在复盘过程中还闹出了矛盾，大家有了不愉快的体验，影响了人际关系。由于担心进一步激化矛盾，因此他们宁可先不公开讨论敏感的话题。

如果你的团队也有这样的情况，那么最重要的事情就是做好复盘动员。你在动员大家参与复盘时，核心目标就是向大家讲清楚到底为什么复盘，什么样的复盘是大家要去追求的。动员内容的核心最好包含以下两点。

（1）本次复盘为什么重要，会为大家带来什么价值

为了让大家有意愿参与复盘，最重要的就是跟大家同步这次复盘的价值。这里需要注意的是，复盘的价值要与每个人相关，这样大家才有参与的动力。

（2）强调复盘会的规则和讨论要求：实事求是，对事不对人

复盘是成长导向的，是以发现事情本来的运作方式、提高业务认知和业务能力为方向的。复盘是中立的，对事不对人。任何形式的人身攻击都是不允许的。

动员参与复盘具体分为 3 步：首先，你可以先让大家了解什么叫作人身攻击。然后，再举几个人身攻击的例子，让大家对于人身攻击构建共同的认知。最后，再给出一个惩罚规则——如果有人攻击了其他人，相关人将会受到什么惩罚。

这里我为你提供一个工具箱。你可以直接参考下面的话术，进行复盘动员。

【工具箱】复盘动员话术模板

大家好，这段日子我们一起完成了 XX 项目，取得了 XX 的成绩。接下来，我想邀请大家一起完成一次复盘。

这次复盘的目的有 3 个：第一，我们一起回顾整个项目，找到我们做得对和做得好的地方，这样下次我们可以复用。第二，我们一起反思下哪些地方做得不够好，找到问题和解决方案，下次可以避免。第三，通过讨论，我们沉淀一个项目管理的工作手册，这样以后如果再有新人加入，大家就不用费劲地手把手地教了，有些任务，工作手册就可以带着新人完成了，这会减少大家辅导新人的时间。

为了让大家更好地参与复盘，我必须强调一下这次复盘不是去评判谁做得好谁做得不好。我们的复盘是对事不对人的。我们更希望大家用客观数据和事实讲话，一起挖掘业务上的认知。至于某个错误是谁犯的，是谁没有做好，这些不是我们关心的重点。也希望大家在撰写复盘文档、在做会议发言时避免使用类似的语言。

这次复盘，我们会坚决抵制任何形式的人身攻击。人身攻击包括针对个人的具体批评和指责，也包括给某人的身上帖上负面标签。

比如，“某某人特别懒，到截止日期都没改一个功能。”这么说就是将“懒”这一负面标签贴在了这位员工的身上。

再比如，“我都无语了，小 A 明明可以提前跟我说一声，却一个字都没提。”这种话语就是对小 A 没有及时沟通的指责。

类似这样的话语都会直接影响我们所有人以平和、理性的态度讨论业务和探讨问题。所以一旦发生这种情况，我就会马上指出来。希望大家能立刻调整自己的说话方式。如果团队中有人用这种方式表达超过了 3 次，那么相关人就暂时不要参加这次的复盘了。

好，到这里看看大家有没有什么问题？如果没有，我就继续布置复盘前的任务了。

7.5.2　布置复盘任务

接下来就到了布置复盘任务的环节。这个工作并不难，其关键点在于布置任务的时候，能否能够清晰地传达要求。我建议你在布置任务时按照下面的清单来检查工作任务是否已经布置得清晰完整了。

【工具箱】布置复盘任务的工作清单

☐ 任务具体的内容；

☐ 任务完成的标准；

☐ 任务的负责人、协作人；

☐ 任务的截止日期。

对于信息收集类型的任务，我强烈建议大家提早一周布置。复盘的质量很大程度上依赖于大家提前做的信息收集工作。其实，很多公司在项目执行过程中已经丢了很多数据，但是如果及时复盘，在复盘筹备期的时候在员工中催一波数据，有些数据还能“抢救”回来。

那么都有哪些信息值得我们去收集呢？下面为你提供了一个信息收集检查清单。

【工具箱】信息收集检查清单

☐ 业绩数据；

☐ 运营数据；

☐ 日报 / 周报；

☐ 用户 / 客户反馈；

☐ 用户 / 客户行为；

☐ 团队评价；

☐ 竞争对手的反馈动作；

☐ 项目相关文档；

……

实操注意事项

1. 团队对于复盘的态度和接受度会受到团队文化的影响。有些团队包容性高、容错率高，大家复盘时的心理压力较小。但是有些团队对犯错的人比较严苛，有严格的考核，没有给大家一个犯错的空间，这会影响团队复盘的积极性。所以，在推广复盘或者执行复盘的时候，我们难免会遇上一些不可控的环境阻力。
2. 一旦决定团队复盘，复盘的发起人要敢于提要求。因为只有发起人最清楚为什么要复盘，哪些议题或话题是重要的，哪些问题必须得到充分讨论而不能逃避。设定一个能让所有人有安全感的讨论流程和规则，可以让所有人都有勇气认真地面对真问题、不逃避真问题，这可以为大家探讨务实的解决方案提供一个良好的讨论场域。

目前，我们已经完成了复盘前所有的必要准备工作。接下来要确保在复盘会议开始之前，每位成员都已经将所需的信息和材料准备齐全了。待所有相关信息和材料收集完毕，我们就可以着手进行复盘了。

工具箱

1. 复盘形式选择参考表

	自己复盘	跟团队一起复盘	价值
口头复盘		开碰头会，简单沟通； 直接聊问题和结论，迅速达成共识，明确 TODO	短平快、调整迅速、能够指导下一次的短期工作
文字复盘（复盘文档）	适合单人任务；属于个人成长复盘	通过协同文档，让每个人各自完成复盘内容的撰写。 准备过程中，每个人实际上是在完成自己的个人复盘。 适合低协作项目，且管理者希望收集信息、沉淀经验，也适合团队一起开会效率低的场景	有沉淀、有记录；能够指导长期的工作，结论可以反复使用
复盘会		适合需要高度协同且复杂的项目；适合关键决策复盘、战略复盘等	全面、完整； 可促进达成思维共识、标准共识、结论共识；促进团队认知迭代

2. 文档类复盘的 3 个重要角色

	发起人	引导师	参与人
职责	定议题、定复盘目标	设计复盘文档的结构以及需要填写的复盘内容； 跟进文档的撰写进度； 对文档内容进行总结； 分发最终版本的复盘文档并留存	提供信息、填写文档

（续）

	发起人	引导师	参与人
人员类型	团队负责人、项目负责人等主责人	可以由发起人担任； 也可以由发起人委派给团队成员完成	围绕复盘议题的相关方
履行职责时的注意事项	向所有参与人澄清复盘目标； 澄清复盘文档的撰写要求； 明确需要参与人提供的复盘信息； 进行必要的授权	撰写复盘文档的结构以及内容时需要与发起人反复确认是否符合复盘目标、是否缺失信息； 最终的复盘文档并不追求收集所有信息，而是需要平衡信息的颗粒度与复盘目标的需要	及时、完整地提供复盘所需要的相关信息； 对自己的复盘质量负责，切忌敷衍了事

3. 复盘会上的 3 个重要角色

	发起人	引导师	参与人
职责	定议题、定复盘整体目标	维护复盘会秩序； 通过提问引导对话； 推进讨论流程	提供信息； 参与讨论； 也可以提出问题
人员类型	部门负责人、CEO、项目经理、团队负责人等主责人	可以由发起人担任； 也可以由第三方或者 HR 担任	参与复盘的相关方（参与人、负责人、顾问等）
心态要求	开放、实事求是； 相信成长和自我改变	打造安全对话场域（场外视角 + 场内视角）	开放、实事求是； 停止抱怨、相信自我改变； 尝试拔高视角

4. 复盘流程自检清单

复盘前	复盘中	复盘后
文档类复盘 & 复盘会公用 1. 选择复盘项目（M） 2. 确定复盘方向（M） 3. 选择复盘形式（M） 4. 明确复盘角色（M） 5. 设计复盘流程（M） 6. 动员参与复盘（M） 7. 布置复盘任务（M） 8. 收集复盘信息（M）	文档类复盘 1. 各自在规定日期前填写内容（M） 2. 引导师完成整理和总结（M） 复盘会 1. 开场破冰（O） 2. 就复盘目标达成共识（M） 3. 强调复盘规则（M） 4. 澄清会议流程（M） 5. 进入讨论环节（M） 6. 复盘会总结（M）	文档类复盘 1. 引导师分发复盘最终文档（M） 2. 留存文档（M） 复盘会 1. 补齐缺失的文档、数据（M） 2. 跟进 TODO（M）

5. 复盘动员话术模板

大家好，这段日子我们一起完成了 XX 项目，取得了 XX 的成绩。接下来，我想邀请大家一起完成一次复盘。

这次复盘的目的有 3 个：第一，我们一起回顾整个项目，找到我们做得对和做得好的地方，这样下次我们可以复用。第二，我们一起反思下哪些地方做得不够好，找到问题和解决方案，下次可以避免。第三，通过讨论，我们沉淀一个项目管理的工作手册，这样以后如果再有新人加入，大家就不用费劲地手把手地教了，有些任务，工作手册就可以带着新人完成了，这会减少大家辅导新人的时间。

为了让大家更好地参与复盘，我必须强调一下这次复盘不是去评判谁做得好谁做得不好。我们的复盘是对事不对人的。我们更希望大家用客观数据和事实讲话，一起挖掘业务上的认知。至于某个错误是谁犯的，是谁没有做好，这些不是我们关心的重点。也希望大家在撰写复盘文档、在做会议发言时避免使用类似的语言。

这次复盘，我们会坚决抵制任何形式的人身攻击。人身攻击包括针对个人的具体批评和指责，也包括给某人的身上帖上负面标签。

比如，“某某人特别懒，到截止日期都没改一个功能。”这么说就是将“懒”这一负面标签贴在了这位员工的身上。

再比如，“我都无语了，小 A 明明可以提前跟我说一声，却一个字都没提。”这种话语就是对小 A 没有及时沟通的指责。

类似这样的话语都会直接影响我们所有人以平和、理性的态度讨论业务和探讨问题。所以一旦发生这种情况，我就会马上指出来。希望大家能立刻调整自己的说话方式。如果团队中有人用这种方式表达超过了 3 次，那么相关人就暂时不要参加这次的复盘了。

好，到这里看看大家有没有什么问题？如果没有，我就继续布置复盘前的任务了。

本章小结

本章梳理了复盘的所有准备工作，包括确定复盘方向、选择复盘形式、明确复盘角色，等等。我建议从来没有组织过复盘工作的“小白”可以跟着本章内容从头到尾做一遍。特别是本章中的工具箱，可以较好地辅助复盘新手做好准备工作。

本章知识点思维导图

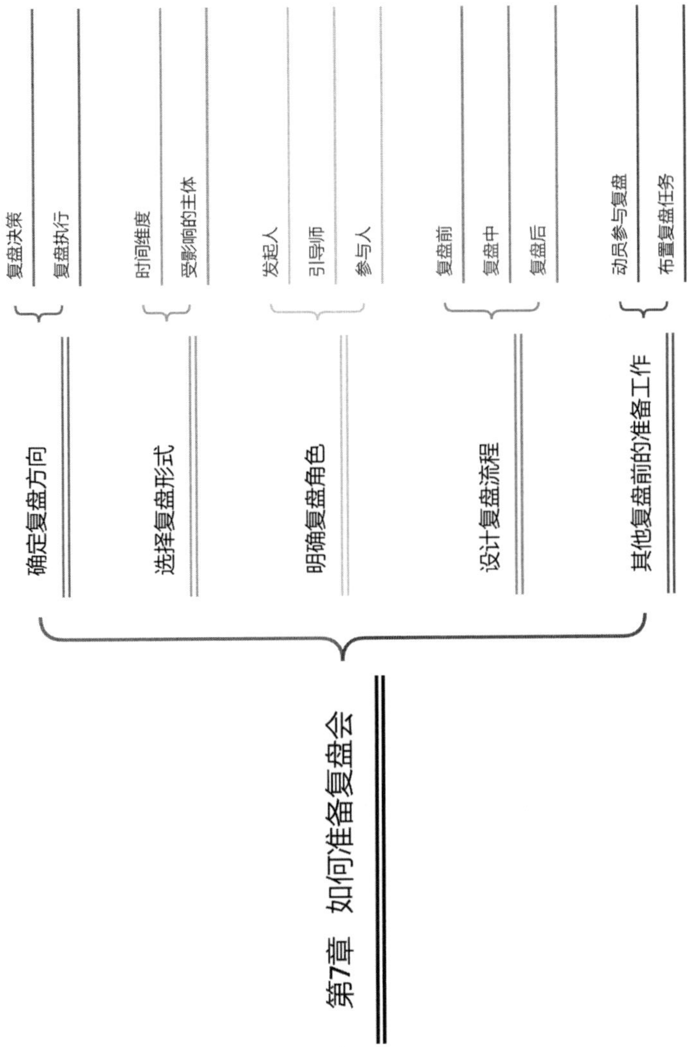
第7章　如何准备复盘会
确定复盘方向
复盘决策
复盘执行
选择复盘形式
时间维度
受影响的主体
明确复盘角色
发起人
引导师
参与人
设计复盘流程
复盘前
复盘中
复盘后
其他复盘前的准备工作
动员参与复盘
布置复盘任务

第 8 章
复盘的关键是做好引导

8.1 引导师的职责与能力要求

一场好的复盘有几个关键要素：清晰的目标、充足的材料准备和信息准备、流畅的会议流程，以及合格的引导师。大部分要素我在前面的章节中已经讲过，本章将主要介绍引导师这一关键角色。

8.1.1 引导师的职责

一场复盘会的引导师是整个复盘会和相关讨论的推动者。他既可以由复盘会的发起人担任，又可以由相关项目中的任何一个参与成员担任。当然，也可以由第三方的顾问担任。通常来说，我不建议由团队中的管理者来承担复盘引导师。我倾向由团队的 HR，或者团队中的某个成员来担任引导师。

引导师的核心职责包括以下几点。

- 主导复盘会会前的准备工作：与复盘会发起人一起明确复盘方向和复盘目标、需要准备的材料，并设计复盘会流程；
- 打造一个开放、包容，就事论事的讨论场域，促进团队成员的对话与观点表达；
- 制定和维护会议讨论规则，维持复盘会的会议秩序；
- 主持会议并推动会议既定议程；
- 在讨论中，适时提出问题，引导对关键问题的思考；
- 敏感地捕捉会场中新出现的关键信息，引导参与人关注需要增加哪些关键讨论议题，或者删减哪些讨论议题；
- 负责复盘会内容的总结记录，并将需要跟进的工作移交给复盘发起人。

将复盘引导师的职责拆解为具体任务是非常细碎的工作。为了实操时更加便捷，我为你列了一份复盘引导师的工作清单（表 8-1）。

【工具箱】表 8-1　复盘引导师的工作清单

复盘前	复盘中	复盘后
1. 与发起人确认复盘方向、目标、关键讨论议题； 2. 收集和了解相关议题的信息，提前完成访谈、资料阅读、项目关键问题和卡点的梳理； 3. 与发起人确认复盘形式； 4. 与发起人确认复盘角色； 5. 设计复盘流程； 6. 发送复盘会邀请链接，确定日期和地点； 7. 设计复盘协作文档（如需要）； 8. 督促参与人填写复盘信息并收集所有的信息	1. 开场破冰； 2. 就复盘目标达成共识； 3. 强调复盘规则； 4. 澄清会议流程； 5. 进入讨论环节； a. 关注讨论议题； b. 关注现场人员状态； c. 关注时间与会议流程； d. 关注会议规则。 6. 复盘会总结和收尾	1. 整理和总结复盘文档； 2. 跟进 TODO

8.1.2　引导师的 3 个能力要求

引导师是复盘成败的关键角色。即使是同样的复盘主题，准备同样的素材，使用同样的流程，不同的引导师引导出来的复盘效果也可能天差地别。这种差异与引导师的 3 个关键能力相关。复盘引导师应该具备以下 3 个关键能力。

1. 具备场域塑造能力

一群人聚在一起，就会自然地形成“场”。这个场的状态会直接影响每个人的状态。

我有一个朋友，每周末一定会去他师傅那里喝茶。他说，每次到了师傅的茶馆，不管那里有几个人，也不管师傅在跟谁说话，只要一坐下来，他立刻就感觉内心很安静。在茶馆里，即使不说话、没人理他，他也觉得很舒适。相反，当他自己在家时，内心总觉得很烦躁。这就是“场”的力量。

复盘引导师在复盘会上也要努力打造和维护一个“场”。因为复盘会会不可避免地暴露一些问题，问题的当事人容易出现“是我错了”“他们在责怪我”这样的潜意识，从而引发一些人的不适和不安全感。因此，在复盘会上打造一个安全、开放、包容、不进行人身攻击的场域就是复盘引导师的重要工作之一。

敲黑板

在复盘会上打造一个安全、开放、包容、不进行人身攻击的场域就是复盘引导师的重要工作之一。

然而，有趣的是，场域的打造不仅仅依赖于规则、流程、技巧，它也与引导师自身的状态、格局、引导姿势密切相关。因此，场域塑造能力的高低在很大程度上受到引导师个人的基础状态的影响。

2. 具备引导能力与引导技巧

引导师的第二个关键能力要求引导师能随时觉察自己的参会姿势，并能调用相关的引导方法与引导技巧。

什么是参会姿势呢？ 普通的参与人参加复盘会的姿势是：加入话题的讨论、表达观点、与其他人辩论观点。但复盘引导师是冷静的第三方，他（她）的参会姿势应该是：你们讨论的事情与我无关，我更关注的是你们讨论的话题是第几个，是否讨论完了，是否要进入下一个话题，每个人的状态如何，是否需要我介入以拉回正题，是不是所有人都在积极地参与，有没有人破坏规则，等等。表 8-2 总结了引导师和非引导师的参会姿势。

敲黑板

复盘引导师是冷静的第三方。

【工具箱】表 8-2　引导师和非引导师的参会姿势

	引导师的参会姿势	非引导师的参会姿势
复盘会过程中的关注点	更关注目前讨论的话题是第几个； 是否讨论完了； 是否要进入下一个话题； 每个人的状态如何； 是否需要介入以拉回正题； 是不是所有人都在积极地参与； 有没有人破坏规则	会议的议题有哪些； 自己想要表达的观点； 哪些话题与自己相关； 要解决的具体问题； 要完成的具体任务； 加入讨论，与其他人辩论观点
参会基调	讨论的事情与引导师无关	讨论的事情基本都与参与人有关

对于第三方复盘引导师来说，保持中立的参会姿势通常不是难事。但是，对于担任引导师角色的团队内部成员来说，保持中立的参会姿势就是一个颇具挑战性的要求，因为讨论的议题可能是关于他（她）非常熟悉的工作，也可能是关于他（她）亲身参与过的项目。在这种情况下，要求内部引导师像第三方一样，从观察者的角度保持中立、推动复盘讨论，确实是一项有难度的工作。常见的问题有：引导师自己克制不住，直接参与讨论并发表自己的观点或看法，或者直接认可其他人的发言……这些都是最忌讳的。

因此，如果你既是团队的管理者，又担当了复盘引导师，请务必注意把持好自己的身份，克制自己发表观点、指派任务的冲动。否则，整个复盘会的场域就会受到影响，大家就很难有效地讨论问题了。

敲黑板

如果你既是团队的管理者，又担当了复盘引导师，请务必注意把持好自己的身份，克制自己发表观点、指派任务的冲动。

在保持好这个最基本的参会姿势后，引导师要根据场域里发生的情况，随时调用以下引导技巧。

- 提出议题，引导参与人加入讨论；
- 推动讨论不断深入，引导参与人深入思考、拓展思路、深度挖掘；
- 推动议题讨论不断向前，避免在单一议题上停留过长的时间，同时也要避免议题没有讨论完就盲目地进入下一个议题；
- 将讨论拉回核心议题，确保讨论聚焦不发散；
- 敏锐地捕捉新议题，引导参与人完成议题优先级的重新排序；
- 面对纷繁复杂的观点，引导参与人达成共识；
- 在情绪化的沟通中，引导参与人回归理性思考和平和的沟通状态；
- 当遇上人身攻击时，引导参与人遵守会议发言规则；
- 在冷场或没有人愿意发言时，引导参与人表达观点；

- 引导发言人用事实说话，避免主观臆断或者贴标签；

……

3. 具备业务理解能力

对于复盘引导师来说，业务理解能力是一个加分项。一个理解业务的复盘引导师，不单是简单地推进复盘流程，鼓励参与人自己讨论，他（她）还具备发现逻辑漏洞的能力，能够通过引导技巧带领大家关注新问题、进入深度思考的状态。能做到这一点其实是非常难得的。本书第 2 章提到了复盘的 5 个段位，其中段位五的复盘一定是有深度思考的。这种深度思考往往需要复盘引导师从全局视角出发，有意识地邀请一些参与人分享观点，或者直接向团队提出关键问题。

第三方复盘引导师在实操中通常需要提前进行访谈、阅读大量的相关文档，以保证自己能抓住业务的核心问题，在复盘会上带领参与人走向深度思考。因此，对于一个外部引导师来说，在正式复盘前花大量的时间了解业务是必不可少的工作，也是确保复盘质量不可或缺的重要步骤。

小贴士

如果你选择聘请外部引导师，一定要积极地配合他（她）完成复盘会召开前的信息收集工作。

如果引导师来自团队内部或者公司的 HR 部门，相对而言，他（她）对业务有更深入的了解。但这并不意味着准备工作就不重要了——复盘引导师的工作清单上的准备工作依然要逐一完成，特别是对齐复盘目标、确认核心议题等关键工作。只有这样，引导师才会有意识地在需要深挖的议题上留出充足的时间。下面是我总结的引导师的“要与不要”清单（表 8-3）。

【工具箱】表 8-3　引导师的“要与不要”清单

要	不要
• 认真准备； • 反复推敲议题讨论流程； • 提前预判可能会产生冲突或者情绪的议题，筹备相应的数据和信息以推进讨论； • 积极地引导讨论、干预冲突； • 保持中立和不参与讨论的姿势； • 关注全场人员的情绪； • 关注全场人员的参与度； • 总结讨论内容，确保 TODO 有人跟进	• 临场发挥； • 现场跟着感觉走，讨论到哪儿就是哪儿； • 当冲突发生时，缺少可以支持判断的数据和信息，让现场出现无法下定论的僵局； • 逃避冲突，放任矛盾激化； • 自己陷入议题内容的讨论； • 忽视人员状态，过度关注议题本身； • 谁积极就让谁多说； • 复盘会结束后的事情与我无关

8.2　引导师的 2 个必备引导技巧

8.2.1　如何组织参与人发表观点

在复盘会上，想要让所有人充分参与讨论、积极发表观点是一件有挑战的事情。大部分情况下，会出现个别人发言非常积极而其他人主要围观的场面。因此，引导师需要在一开始时就想好每个环节用什么样的方式将大家邀请到讨论中。

TIP 1：使用小纸条

当某一议题的内容比较尖锐，容易引发矛盾，或者大家有可能不愿意公开讲问题时，引导师可以直接换个方式——让每个人以匿名的方式在纸条上写下自己的观点。写完之后，小纸条要当着所有人的面被放在一个无法识别是谁写的容器中，以保证所有人的安全感。为了保护大家的观点，纸条由记录员逐一打开，然后记录员将观点逐字逐句地敲在计算机中，同步到大家可以看到的屏幕上。大家一起来看纸条内容，一条一条地沟通、讨论。如果没有记录员，也可以找人随机读出纸条。在这一过程中，引导师要保证大家都是匿名呈现观点，尽量消除大家对实名表达的顾虑。

TIP 2：定好发言句式和发言顺序，让每个发言人按照句式填空，然后表达观点

如果关于某个议题的发言很容易发散，或者引导师担心大家的发言过长，那么可以给这个议题的发言提供一个句式模板，引导大家按照句式模板表达观点。比如可以使用以下句式模板。

对于销售额下降的问题，我认为有 _____ 个原因。

第 1 个原因是 ______________，支持的理由是 ______________；

第 2 个原因是 ______________，支持的理由是 ______________；

第 3 个原因是 ______________，支持的理由是 ______________；

在这几个原因中，我认为按权重排序的话，顺序是 ___________。

此外，指定发言顺序也能更好地引导参与人发言。当大家意识到每个人都需要发言，并且能有一定的时间提前准备时，通常也能较好地融入观点表达的环节。

TIP 3：分组讨论，由小组代表发言

如果复盘会人数较多，大家的观点比较分散，那么比较好的方式是先分成小组进行讨论，然后每个组找一位代表来代表小组成员表达观点。这种方式大家在培训中见得比较多，就不赘述了。

8.2.2 如何回应发言人的观点

回应发言人的观点是个艺术活儿。作为引导师，对于发言人的观点，你既不能肯定，也不能否定；同时你的核心职责还包括总结提炼、推动讨论。因此，在回应每一个发言人的时候，需要时刻记住这 8 个字：重复观点、提新问题。

重复观点主要是为了确保你听懂了每个发言人的真实意图，没有出现理解偏差，同时给发言人一个反馈。提新问题则有两个目的：①进一步澄清发言人的观点，邀请其补充信息；②用问题吸引其他人加入讨论，拓展参与对象。

常见的问题如下所列。

- 我理解得对吗？你自己还有补充吗？
- 我刚说的这个观点是你本来的意思吗？

- 我打算进入下一个话题了，你觉得可以吗？
- 你还需要再想想，然后继续补充信息吗？
- 其他人有补充的观点吗？
- 有没有人有不同观点？
- 谁还想最后补充两句？

8.3　常见场景处理方式

1. 如果参与人陷入争吵、各执一词怎么办

复盘会上难免会出现双方意见不统一，各执一词，公说公有理、婆说婆有理的情况。此时对于引导师来说，这是个非常大的考验。应对这一场景的步骤如下。

STEP 1：打断争吵，重复观点

先打断争吵，然后面向观点不一致的人，分别总结他们各自的观点并进行确认。这个动作是在用行为和语言告诉双方：“我听到你们的观点了并且充分理解你们各自的想法。”

STEP 2：总结提炼双方的矛盾点，让争论的焦点更加清晰

这一动作是把不必要的信息去掉，去聚焦问题的关键。事实上，这一步对于引导师来说是有一定挑战性的。引导师需要能够听懂双方在说什么，并基于业务情况找到他们之间真正的矛盾点。不过，如果引导师总结提炼的不对也没关系，因为这时依然可以跟双方进行确

认。如果关于矛盾点双方还有异议，那就继续讨论，找到矛盾点。

STEP 3：引导双方思考他们的共同目标是什么

爱因斯坦曾经说："你无法在问题产生的层面解决这个问题。"你要么向下深入问题的组成部分或者细节，要么向上重新审视这些问题发生的背景和环境。既然双方已经陷在问题中，而且一直反复论证自己为什么对，对方为什么错，那就不如直接把他们"拔高"到所在的项目背景之中、工作目标之上，引导双方尝试在更高一个维度思考他们的共同目标是什么，从而寻找解题的思路。

STEP 4：引导双方关注解决方案，而不是追责甩锅

一旦重新确认了双方的共同目标，引导师可以带领大家思考这个目标有多少种不同的实现方法；现在如果重新做一遍项目，可以做哪些调整。引导师这时的动作就是在推动大家跳出刚才的争吵，让大家为得到解决方案进行沟通。

敲黑板

在争吵状态中，对立的双方关注的是"谁对谁错"；而引导师的职责是要带着大家思考"我们如何一起做对"。

2. 如果参与人陷入情绪化的沟通中，如何引导其回归理性沟通

在陷入情绪化的沟通状态后，人天然会被情绪所挟持，容易出现无法真正听进别人在说什么、忽略客观事实、主观上瞎想或者夸大事实等情况。这种情况下的沟通，可能会因为言语激烈而产生冲突升级。因此，我建议引导师此时采取以下几个措施。

STEP 1：打断对话，或者先叫停有情绪的人的发言

你可以说："好了，我们现在都先停一停。我感受到了 XX 在讨论中的情绪。"

STEP 2：重申复盘目标和规则

你可以说："我们今天召集大家是为了讨论 XX 的议题，这是对所有人都很重要的议题，会影响所有人的 XX。复盘是一起回顾客观发生的事实，然后找到大家可以在下次一起做得更好的方法。我们希望大家都能实事求是，用数据说话，而不要带着情绪表达观点。"

STEP 3：引导发言，给出示范

你可以说："接下来，我还是会邀请 XX（刚才有情绪的一位或两位同事）发言。但是我们的发言结构是这样的：我的观点是 XXX，我的理由是 XXX。请大家尽量描述具体发生了什么，并且用数字或者第三方反馈进行表达。不要用'我觉得''我认为''我猜想'等主观词汇。"

3. 如果发生了人身攻击怎么处理

人身攻击是在复盘会上必须避免的一种行为。它并不仅仅指肢体上的冲突，更多的是指对他人做出的言语攻击，包括恶意嘲笑、讽刺、侮辱、威胁和恐吓。作为复盘会场域的维护者，引导师需要对任何形式的人身攻击保持高度敏感，并且坚决制止。

下面，我们先来学习如何识别这种行为。大家可以跟我一起判断一下，下面的哪些行为算是人身攻击呢？

【练一练】

以下哪些行为属于人身攻击，需要引导师立即制止呢？

A. 你简直就是个泼妇，天天疯言疯语。

B. 你提供的数据是自己虚构杜撰的吧？跟系统里呈现的完全不一样！你骗傻子呢？

C. 都是XX的责任。要不是他不听我的建议，这个事情能出问题么？

D. 是是是，您说的对。都听您的，好了吧？

E. 我是你的上级，你要是再跟我对着干，我就开除你。

答案：A、B、C、D、E

答案A：在复盘会上，给其他成员贴标签不利于推动议题的讨论。引导师遇到这种情况时可以马上提醒，这是一种对其他人恶意贴标签的行为，是不允许的。

答案B：这句话是一个猜测，且恶意揣测了对方做一件事情的初衷。这种行为会激发情绪和矛盾，同时也不利于双方关注客观事实。引导师需要立即制止，并且带领大家重新关注数据。

答案 C：这是一种直接的抱怨，夹杂着强烈的责备情绪。这种话语会让人非常不舒服。此时，引导师可以说："能理解你非常希望把事情做好的心情，出现这种问题是大家都不想看到的。你可以详细说说，你们本来计划怎么做，实际怎么做的吗？"

答案 D：这句回应有些敷衍，还带有讽刺语气，其背后隐藏了发言人的观点。它还会让沟通对象产生被否定的感受，从而引发负面情绪。此时，引导师可以说："你的表达方式传递的是一种否定的情绪，似乎你并不真的赞同这个观点。我们现在讨论的问题很重要。我可否邀请你详细讲讲你的观点是什么，理由是什么吗？"

答案 E：引导师要避免让大家在复盘会上感受到"官大一级压死人"的压迫感。在复盘时，没有等级、没有官衔、没有情绪。大家的关注点应集中在什么是客观事实上。出现这种情况时，引导师可以对管理者说："您先消消气。如果大家可以就这个问题的解决方案达成共识，肯定是最好的结果。如果不能达成共识，确实需要您这样的决策人来拍板。我们目前是否还愿意尝试和团队一起达成共识，还是直接做出决策，然后转向下一个议题呢？"

你可能还会遇上其他人身攻击，我在下面给出了一个通用的解决步骤供你参考。

STEP 1：打断对话，或者先叫停有语言攻击的人

你可以说："不好意思，我打断一下。我们的复盘会不主张大家有任何人身攻击的行为。刚刚的语言描述中，'XXX'是不太合适的。请避免这样表达。”

STEP 2：重申一下复盘目标和规则

然后，你可以根据现场的氛围、被你提醒的人员的状态决定是否有必要加强提醒。如果需要，你可以重新强调复盘目标和规则。比如你可以说：“我们今天召集大家是为了讨论 XXX 的议题，这是对所有人都很重要的议题。复盘是一起回顾客观发生的事实，然后找到大家可以在下次一起做得更好的方法。我们不主张任何形式的人身攻击或者现场追责。这不是我们今天的目的。”

STEP 3：引导发言，给出示范

接下来，你可以给相关人一次重新发言的机会。

举个例子，你可以说：“好，请你重新表达一下刚才的观点。尽量客观地描述发生了什么事情，好吗？”

如果对方还是不能用合适的方式表达，你可以给他（她）一个发言结构，让他（她）按照你给的框架发表观点。

举个例子，你可以说：“我们目前的讨论目标是 XXX，你能分享下当时具体做了什么事情来完成这个目标吗？你可以提炼成：第一、第二、第三。然后，分别说说它们的 KPI 和相关数据。”

4. 如果发言时有参与人直接指责其他成员怎么办

指责、追责包含了责备、惩罚的意思。当大家彼此责怪时，团队中越是好强的、想要在职场中获得认可的人，越容易产生很多猜

想。他们心里会想："不行，我不能在这么多人面前承认我是错的。可万一就是自己的环节出了问题，多丢人？我的能力会被公开质疑的！"

在这种情况下，引导师必须站出来，保护场域的安全感。做法跟处理人身攻击的情况比较像，分为如下 3 步。

STEP 1：打断对话，或者先叫停有指责行为的人

你可以说："不好意思，我打断一下。咱们今天的复盘会不主张大家相互指责。我们不是来聚焦问题的，我们是来聚焦解决方案的。"

STEP 2：重申一下复盘目标和规则

然后，你可以强调复盘会的目标和规则。比如，你可以说："我们今天召集大家是为了讨论 XXX 的议题，这是对所有人都很重要的议题。复盘是一起回顾客观发生的事实，然后找到大家可以在下次一起做得更好的方法。接下来，我们一起尽量避免再发生指责、追责的行为，好吗？"

STEP 3：引导发言，给出示范

接下来，你可以给相关人一次重新发言的机会。

举个例子，你可以说："好，请你重新表达一下刚才的观点。你可以说，现在的问题主要发生在工作流上的哪个环节，问题的表现是什么，有什么样的数据指标反映了这个问题的严重性。"

5. 在冷场或没有人愿意发言时，如何引导大家表达观点

在复盘会上遇到冷场或没有人发言时，引导师不用慌。这种局面一般分为以下几种情况：

- 大家有观点，且想说敢说，但是不知道什么时候说合适；
- 大家有观点，且想说，但是不敢说；
- 大家有观点，不想说；
- 大家没有观点，也不想说。

针对上述几种情况，引导师可以按照表 8-4 所列的应对方法应对。

【工具箱】表 8-4　冷场的应对方法和示例

不同情况	应对方法	示例
大家有观点，且想说敢说，但是不知道什么时候说合适	制定发言规则，按照规则，逐一完成发言	分小组，小组组长带领讨论，记录每个人的观点； 每个人轮流发言； 小组组长收集本组的信息后汇总观点并发言
大家有观点，且想说，但是不敢说	• 组织匿名发表观点； • 打造安全的场域，鼓励发言；对于勇敢发言的给出正反馈	引导师布置题目，让大家在小纸条上以匿名的形式写下自己的观点； 有人勇敢发言后给予肯定，通过正反馈鼓励其他参与人发言； 大家看到说了真话并不会在这个场合遭到挑战，会更愿意自由表达观点

（续）

不同情况	应对方法	示例
大家有观点，不想说	• 保持沉默，让现场保持安静；一起面对尴尬期 • 打造安全的场域，鼓励发言；对于勇敢发言的给出正反馈	没有人说话就保持等待状态。在此过程中保持微笑和耐心，等待勇敢者的出现（保持 5~10 分钟）
大家没有观点，也不想说	询问复盘发起人，这个议题是否必须在本次复盘会上讨论	询问发起人、参与人是否认为这个议题不重要； 如果认为重要，则询问参与人是否需要更多的时间收集更多的信息后再讨论； 询问参与人下一次何时讨论

总之，冷场并不一定是坏事。有些时候把一些大家不愿意面对的难题抛出来，并留出一些时间倒逼大家一起集中思考、深挖信息是必要的。作为冷静的第三方，引导师可以从整个场域和会议全局的角度，把控何时促进大家激烈讨论，何时留一些空白给大家"消化"情绪。

说到这里可能会有人追问："那什么样的问题需要充分暴露，即使没人说话，我也不用催？什么样的情况下，我就要积极地推动会议的进度，不要耽误大家的时间呢？"

答案取决于议题。如果当时这个议题是个关键性的议题，需要所有人一起面对并找到解法，那么当议题没有讨论结束，没有找到解法时，引导师可以考虑多给大家一些思考的时间。

但是，如果这个议题已经讨论得差不多了，大家都不说话了，那么这时主持人要及时跳出来，总结提炼之前的观点并询问是否还有人补充观点。如果没有，就继续下一个话题；如果有，就继续请人补充观点。总之，引导师要根据现场的讨论议题以及参与人状态来灵活把控。

8.4 内部引导师如何养成

我的很多学员听完复盘课后会迫不及待地想在团队中组织一次复盘。但是，复盘引导师由谁来担当呢？如果自己来引导，很担心陷入讨论，无法自拔，干预了复盘效果。如果让其他人引导，又不确定对方是否知道如何引导。针对大家面对的困境，我分享几个步骤，帮助大家化解这个难题。

第一步：降低复盘期待，先从段位四开始训练

段位四的复盘有几个特点：大家能够形成复盘意识；在复盘时能遵循一定的流程和方法；可以提前准备信息，复盘会上能有可以参考的信息。段位四的问题是团队欠缺一些深度思考。但对于刚开始进行复盘训练的团队来说，能够做到有意识、有方法、有信息就已经非常不错了。任何一个团队都不可能在掌握一个新技能上一步到位，更何况复盘是这么费脑子、有难度的事情。因此，调低我们对整个复盘的期待值，降低对引导师的职责要求和相关能力标准是对刚刚开始复盘的客观要求。

此外，降低复盘期待可以拓展复盘引导师的可选人群范围：团队的 HR，或者复盘项目的任何一个参与人都可以成为引导师。这也使得我们培养复盘引导师的基础人才池变大，更有可能在公司或者团队内部找到可以长期担任的引导师。

第二步：统一复盘方法

复盘引导师如果没有全面了解复盘的方法是无法完成引导职责的。因此，建议复盘发起人可以与引导师同步所有与复盘相关的定义、价值、方法论、实操技巧等。最好能够在复盘引导师正式主持一次复盘会之前，先小范围地路演一次。

总之，这一步的工作重点是让复盘引导师理解并且初步知道一个复盘会长什么样子，自己能多一些体感。只有先知道一个好的复盘会长什么样子，复盘引导师才有可能带出来一个不会太差的复盘会。

第三步：和引导师一起完成复盘会的准备工作

在复盘会的目标、议题、具体需要讨论的话题方面，引导师通常不能自己拍板决定。大部分的时间里，他（她）是需要与复盘会的发起人或者项目负责人共同提前讨论完成。也是在这个环节，你可以与内部培养的引导师进行大量、充分的沟通，对齐这次复盘会的筹划要求和想法。双方可以讨论和确认的话题包括：项目信息的收集工作和前期访谈工作、复盘会流程设计、会议邀请链接的发送时间、复盘时间和地点、参与人应填写的复盘信息，等等。表 8-5 体现了复盘前的重要工作和主责人应该重点负责什么工作。

表 8-5　复盘前的重要工作和分工

复盘前	主责人	备注
1. 确认复盘目标、议题、关键讨论方向； 2. 确认复盘形式； 3. 确认复盘角色	复盘发起人 / 项目负责人	引导师发起讨论会议，获取信息
1. 收集和了解议题的相关信息，提前完成访谈、资料阅读、项目关键问题和卡点的梳理工作； 2. 设计复盘会流程； 3. 确定日期和地点，发送复盘会邀请链接； 4. 督促参与人填写复盘信息并收集信息； 5. 提前准备和熟悉问题清单	引导师	可参考本书中的各类工具箱；复盘发起人 / 项目负责人对引导师的方案进行确认

其他用于提问的高质量问题清单、供深度挖掘的议题方向，可以由复盘发起人或项目负责人提前与引导师初步讨论并确认。等到复盘会上，复盘发起人或项目负责人可以以复盘参与人的身份在实际讨论中根据情况进行提问和引导，辅助引导师推动话题的讨论方向。

8.5　引导师专属工具箱

复盘引导师的角色会对复盘成败产生关键性的影响，因此我整理了一些能保住基本盘的复盘引导师专属工具箱，你可以拿来就用。

1. 复盘会邀约模板

XXX：

您好！

邀请您参加 XX 年 XX 月 XX 日举行的 XXX 项目复盘会。

本次复盘会的目标是：______________________________。

本次复盘会的参与人包括：___________________________。

我们将一起讨论的议题包括：_____________________________。

希望您能准时参加！

为了保证会议效果和效率，需要您提前准备以下材料：

1. XXX；

2. XXX；

3. XXX；

……

请务必于 XX 年 XX 月 XX 日前将以上信息输入在线文档中。在线文档地址：http://__________。我们会在 XX 月 XX 日 XX 点检查这些信息的填写情况。

此外，本次会议不再预留时间进行文档阅读。希望您在 XX 年 XX 月 XX 日 XX 点前，完成 XX 文档的阅读。

感谢您的关注和配合！

2. 复盘会开场话术模板

大家好！感谢大家准时参加今天的 XX 复盘会。

本次复盘会的目标是：______________。

在本次复盘会上，我们关注的核心议题包括：______________

____。

在本次复盘过程中，希望大家能够遵守会议规则和秩序，做到

____。

我是本次复盘会的主持人 XX，我的核心职责是：主持本次复盘会，带领大家实现复盘会目标。同时，保护好在座的每一位参与人，保证大家可以在友好、平等的环境中完成今天的讨论。

另外，这一次会议的记录人是 XX。希望大家密切关注屏幕上所显示的发言或观点。如果和你的发言不一致，可以及时提出修正。屏幕上的文字记录将是我们今天所有决策的唯一依据，所以请大家务必关注描述的精准度。

我们今天的复盘会预计需要 XX（时间），分为 XX 个环节。我会带着大家一起来完成。

大家对此有什么问题吗？

好，如果没有新的问题了，我们开始今天的复盘会。

3. 复盘会现场布置和会议准备物料

一般来说，复盘会现场最合适的人数是 10 人以内。不过对于一些大部门、大团队来说，单次复盘会的人数应该不超过 30 个人。

人数过多无法保证大家的参与度以及观点的充分表达。

我建议复盘会现场的座位摆放形式采用 U 形布局。参与人围绕引导师形成 U 形布局，或者可以将参与人分成若干小组，每组自成一个小 U 形。这样的排布方式既可以促进小范围内的必要交流，又能确保引导师对各个小组进行有效的监督和引导，因为 U 形布局的开口便于引导师介入和掌控局面。相对而言，我不推荐使用方桌或圆桌供小组使用，原因在于这种形式容易在无形中创造出一个封闭的交流场域，这不利于营造一个开放性的会议氛围。

现场物料准备和相关准备工作检查清单

☐ 投影仪（确认功能是否正常）；

☐ 两个投屏屏幕（供记录人使用和资料展示使用）；

☐ 连接计算机与投影仪（确认是否需要转换插头）；

☐ 话筒 / 小蜜蜂等扩音设备 2 ～ 3 个；

☐ 干电池若干（用来应对话筒没电等情况）；

☐ 带激光的翻页笔；

☐ 黑板 / 大白板（供引导师挂白纸和翻页）；

☐ 小白板若干（根据小组数进行分配）；

☐ 黑、红、蓝三色白板笔若干、黑板擦若干；

☐ 设置场地路径：组与组之间要有空隙，留出人员走动空间；

☐ 大白纸；

☐ A4 纸；

☐ 便利贴；

☐ 玻璃胶 / 蓝丁胶；

☐ 横幅（如需要）；

☐ 签到表 / 签到二维码（如需要）；

☐ 提醒上课的铃铛或钵（如需要）；

☐ 讨论需要参考的重要资料；

☐ 小组名单；

☐ 带有学员姓名的桌牌。

4. 复盘会常见会议规则和要求

下面是一些常见的复盘会会议规则和会议要求。你可以根据自己的实际情况，选择适合的内容来使用，并不需要全部使用。

- 不得做与复盘会无关的事情（手机、笔记本电脑可以统一安排存放）；
- 不允许开小会、私下讨论；
- 不允许吃东西；
- 不允许私自离开会议，离开前必须请假，并获得引导师以及你的直属上级批准；
- 不允许任何形式的人身攻击行为；
- 开会期间，发言的观点不受员工岗位影响。一切以客观事实、挖掘业务规律和本质为基点进行讨论；
- 开会期间，全场最高负责人为引导师，全员服从引导师的指令；

- 会议中，如果出现违反开会要求的行为，由引导师进行提醒和处置；
- 会议中，若出现争吵、冲突等情况，所有人需服从引导师的安排和指令；
- 会议中，请大家关注记录人的屏幕笔记内容与自己的观点表达是否一致并现场提出异议，过时不再纠正；
- 讨论问题时，在 3 句话内必须说出结果；
- 讨论问题时，要有理有据，不能主观臆断；
- 讨论问题时，杜绝“我认为”“我觉得”“我猜想”等发言结构。

5. 如何提问：好问题清单

与发言人确认观点

- 我理解得对吗？你自己还有补充吗？
- 我刚说的这个观点是你本来的意思吗？
- 我打算进入下一个话题了，你觉得可以吗？
- 你还需要再想想，然后继续补充信息吗？

邀请其他人发表观点

- 其他人有补充的观点吗？
- 有没有人有不同观点？
- 谁还想最后补充两句？

确认每个人的状态和会议节奏

- 怎么样？大家还跟得上么？
- 到此为止，我们的共识是______________，大家都同意么？
- 大家累不累？需要休息一下么？
- 这个话题的背景信息大家觉得充足么？我们是否需要再收集一些信息，然后再进行讨论？

本章小结

本章内容以实操为导向，主要目的是帮助复盘引导师更好地筹备复盘工作，顺利完成复盘的引导工作。

复盘引导师是复盘会成功与否的关键影响因素。对于新手来说，让自己不怂且能提高复盘质量的最好办法，就是做充分的准备。

做好引导没有捷径，靠的就是一场场实操训练。积累的经验多了，自然也就能游刃有余地应对各种复盘场合了。

本章知识点思维导图

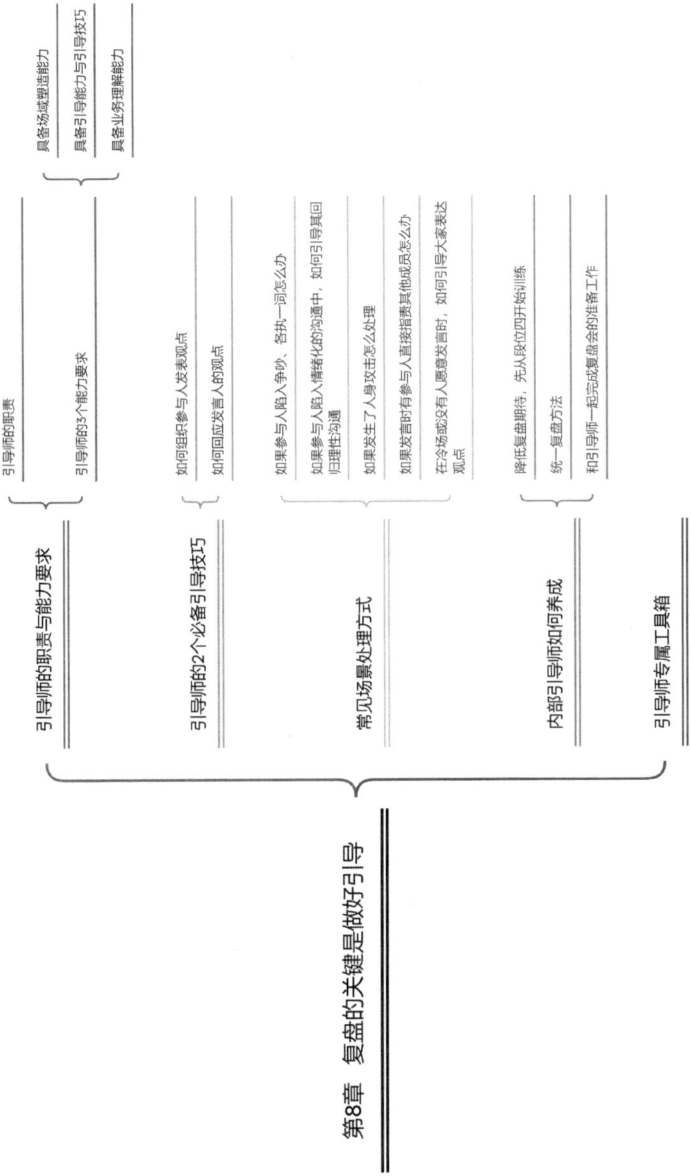
第8章　复盘的关键是做好引导
引导师的职责与能力要求
引导师的职责
引导师的3个能力要求
具备场域塑造能力
具备引导能力与引导技巧
具备业务理解能力
引导师的2个必备引导技巧
如何组织参与人发表观点
如何回应发言人的观点
常见场景处理方式
如果参与人陷入争吵、各执一词怎么办
如果参与人陷入情绪化的沟通中，如何引导其回归理性沟通
如果发生了人身攻击怎么处理
如果发言时有参与人直接指责其他成员怎么办
在冷场或没有人愿意发言时，如何引导大家表达观点
内部引导师如何养成
降低复盘期待，先从段位四开始训练
统一复盘方法
和引导师一起完成复盘会的准备工作
引导师专属工具箱

第 9 章

线上复盘如何做

9.1 线上复盘的必要性

当团队分布在不同城市，或者因为特殊原因不能有大量完整的时间进行线下复盘时，我们应该怎么办？毫无疑问，那就采用线上复盘。

很多人可能会担心：线上复盘的效果会不会打折扣？线上复盘大家会不会走神？讨论会不会不充分？其实，不少公司的业务都是线上开展的。我也曾带领不少客户团队完成了线上复盘。与传统的线下复盘相比，线上复盘如果操作得当，其效率有时比线下还要高。因此，我自己的业务一直保持着定期线上复盘的机制。

在本章中，我将为你详细讲解如何开线上复盘会。

9.2 线上复盘的筹备工作

首先，线上复盘的准备工作是至关重要的。第 7 章提到的所有复盘关键动作一个都不能少。任何一次复盘都要对复盘的议题或主题、核心目标、参与人、复盘形式、需要准备的材料进行全面的梳理，然后在相应的团队成员中进行复盘动员并发出会议邀请。

但是，在采用线上复盘这个特殊的复盘形式时，一个额外且非常重要的筹备工作，就是撰写可以协作的复盘文档。这个复盘协作文档需要展示本次复盘的议题或主题、目标、参与人，并提供相应的空白模块来汇总和沉淀所有人的复盘准备材料。同时，它也要提前列出供复盘讨论的具体话题清单，因为所有参与人需要各自提前思考这些话题。

敲黑板

线上复盘最重要的工作是设计复盘协作文档。

为了让你更好地了解线上复盘协作文档的撰写要求，下面将为你提供一个真实的线上复盘协作文档示例。

线上复盘协作文档

背景

> 2023 年第 1 季度和第 2 季度的销售额指标已达成，但是根据对客户的分析，老客户数量占比高，为 80%，新客户数量占比较低。
>
> 根据 2022 年 9 月的销售业绩复盘会的结论，团队推测目前新用户的画像以及筛选路径可能存在问题。
>
> 2022 年 10 月，销售团队重新进行了用户画像调研项目，更新了触达用户的画像标签和触达话术。

目标

> 复盘第 3 季度新的触达路径以及触达话术效果；
>
> 调整、迭代触达话术并沉淀有效触达话术。

备注说明

> 本次复盘采取线上复盘形式，线上复盘会链接：______________
>
> 本次复盘参与人：________________________________

请所有复盘参与人：

（1）填写“成败认定”中的内容，并根据 @ 标识所指定的人员填写自己负责的内容；

（2）思考“得失分析”模块目前罗列出来的相关问题。

请注意：

所有人务必在复盘会召开的前 1 天晚上完成所有相关内容的填写（2023 年 10 月 17 日 24:00 之前）；

所有人务必在复盘会召开之前认真读完其他人填写的内容（2023 年 10 月 18 日 13:00 前）。

成败认定

参与人 1：（名字）

你认为本次话术调整的目标是：______________________

目标 1：______________________________

目标 2：______________________________

目标 1 是否达成：从括号中的选项中选 1 个（超过预期、符合预期、低于预期）

> 请撰写具体的原因，或者提供相关的数据。

目标 2 是否达成：从括号中的选项中选 1 个（超过预期、符合预期、低于预期）

> 请撰写具体的原因，或者提供相关的数据。

参与人 2：（名字）

你认为本次话术调整的目标是：________________________

目标 1：________________________________

目标 2：________________________________

目标 1 是否达成：从括号中的选项中选 1 个（超过预期、符合预期、低于预期）

> 请撰写具体的原因，或者提供相关的数据。

目标 2 是否达成：从括号中的选项中选 1 个（超过预期、符合预期、低于预期）

> 请撰写具体的原因，或者提供相关的数据。

场景还原

1. 第 1 季度、第 2 季度、第 3 季度销售额数据 @XXX

	北京	上海	深圳	老客户复购	新客户	线上	线下	自营	渠道
第 1 季度									
第 2 季度									
第 3 季度									

2. 销售漏斗数据 @XXX

	触达	方案制作	商务	合同	成交
第 1 季度					
第 2 季度					
第 3 季度					

3. 触达阶段漏斗数据 @XXX

	首次触达回复率	2 次触达回复率	3 次触达回复率	话术模板（贴附件）
电话				
邮件				
陌拜				

4. 话术模板比对 @XXX

	旧话术	新话术	调整理由
电话			
邮件			
陌拜			

5. 用户调研文件链接 @XXX

> 请列出典型用户的名称和相关访谈链接。

6. 用户回复内容列表 @XXX

> 请填写使用了旧话术的用户回复内容列表和使用新话术之后的用户回复内容列表。

	旧话术	新话术
用户回复关键词		
有效的用户需求数量		
用户回复字数（如有）		
回复平均时长（如有）		

7. 成交用户回访访谈记录 @XXX

> 请列出典型用户的名称和相关访谈链接。

你建议讨论的核心议题：@ 所有人（请根据实际情况添加内容，用于复盘讨论。）

1. ______________________________
2. ______________________________
3. ______________________________

得失分析

我们即将在复盘会上着重讨论此部分的内容，请大家提前思考以下问题。如果需要，可以提前写下你的思考或者结论。@ 所有人

1. 关键假设

   以下用户画像标签是否成立。

   用户标签 1：XXX

   用户标签 2：XXX

2. 关键问题

   在现在的销售触达话术中，哪些可以保留？哪些建议调整？

3. 其他问题

   我们需要讨论的其他问题。请根据实际情况添加内容，用于复盘讨论。

总结提炼

1. 复盘共识
2. 接下来的 TODO
3. 可复用文档

你看出来前面这份服务于线上复盘的协作文档与线下复盘会的复盘文档有什么区别了吗？你可以先停下来，仔细思考一下，并写下你的答案。

下面揭晓答案。除了和一般文档一样描述了复盘的目标、议题、参与人，这个复盘协作文档还包括以下一些重要特点。

（1）所有人在参会前必须填写文档

在线上复盘文档的开始部分，本次复盘会的负责人就把这一文档中需要大家思考、填写的任务做了清晰的布置，并且规定了完成填写的截止日期。

与一般的线下复盘会不同，线上复盘会不仅要求你准备好数据，然后在开会时进行讨论，而且要求所有人把提前准备的数据和相关资料都放在线上文档里，确保有迹可循。

为了让复盘会更加高效，本次复盘会的负责人还提醒大家要在开会之前读完线上复盘文档，以确保所有人是带着背景信息来参加会议的。

请所有复盘参与人：
（1）填写“成败认定”中的内容，并根据 @ 标识所指定的人员填写自己负责的内容；
（2）思考“得失分析”模块目前罗列出来的相关问题。
请注意：
所有人务必在复盘会召开的前 1 天晚上完成所有相关内容的填写（2023 年 10 月 17 日 24:00 之前）；
所有人务必在复盘会召开之前认真读完其他人填写的内容（2023 年 10 月 18 日 13:00 前）。

（2）通过文档，与复盘会的参与人提前开始了复盘沟通

此外，复盘的负责人还在复盘协作文档中留出了空白，以便大家在准备复盘的过程中把自己想讨论的问题，或者在准备数据时发现的问题记录下来。这一做法其实就是在模拟线下复盘会的讨论环节。只不过现在没有人跟你对话，你把你想到的内容，先用文字记录下来。等到线上复盘的时候，你再与其他人一起讨论。所以，这一做法是将讨论前置，让你做出了提前思考。

你建议讨论的核心议题：@ 所有人（请根据实际情况添加内容，用于复盘讨论。）
1. ______________________________
2. ______________________________
3. ______________________________

得失分析

> 我们即将在复盘会上着重讨论此部分的内容，请大家提前思考以下问题。如果需要，可以提前写下你的思考或者结论。@ 所有人
>
> 1. 关键假设
>
>   以下用户画像标签是否成立。
>
>   用户标签 1：XXX
>
>   用户标签 2：XXX
>
> 2. 关键问题
>
>   在现在的销售触达话术中，哪些可以保留？哪些建议调整？
>
> 3. 其他问题
>
>   我们需要讨论的其他问题。请根据实际情况添加内容，用于复盘讨论。

所以，线上复盘筹备工作的难度一点儿不小于线下复盘。这份复盘协作文档需要复盘的发起人清楚地知道接下来的复盘会需要哪些信息，需要讨论什么议题，每个议题的优先级，等等。因此，线上复盘会的筹备工作需要复盘发起人能够在大脑里“预演”一下整个会议。通过清晰地“看到”大脑中每个会议环节的画面，复盘发起人才能撰写出这份复盘文档供大家填写和后期执行。

敲黑板

线上复盘会的筹备工作需要复盘发起人能够在大脑里“预演”一下整个会议，并且用文字呈现出各个环节需要的内容，形成复盘协作文档供大家填写。

9.3 线上复盘会设计

第 7 章罗列了一个通用的复盘会流程，其中大部分的内容可以用于线上复盘会的流程设计。但是，由于文档是提前填写的且文档内容的讨论方式不同，因此流程也会有所调整。大家可以从下面两个自检清单中看出线上复盘会流程与通用的复盘流程有何不同。

1. 通用的复盘流程自检清单

复盘前	复盘中	复盘后
文档类复盘 & 复盘会公用 1. 选择复盘项目（M） 2. 确定复盘方向（M） 3. 选择复盘形式（M） 4. 明确复盘角色（M） 5. 设计复盘流程（M） 6. 动员参与复盘（M） 7. 布置复盘任务（M） 8. 收集复盘信息（M）	文档类复盘 1. 各自在规定日期前填写内容（M） 2. 引导师完成整理和总结（M） 复盘会 1. 开场破冰（O） 2. 就复盘目标达成共识（M） 3. 强调复盘规则（M） 4. 澄清会议流程（M） 5. 进入讨论环节（M） 6. 复盘会总结（M）	文档类复盘 1. 引导师分发复盘最终文档（M） 2. 留存文档（M） 复盘会 1. 补齐缺失的文档、数据（M） 2. 跟进 TODO（M）

2. 线上复盘会流程自检清单

复盘前	复盘中	复盘后
文档类复盘 & 复盘会公用 1. 选择复盘项目（M） 2. 确定复盘方向（M） 3. 选择复盘形式（M） 4. 明确复盘角色（M） 5. 设计复盘流程（M） 6. 动员参与复盘（M） 7. 布置复盘任务（M） 8. 收集复盘信息（M） 9. 填写复盘文档（M）	在线复盘会 1. 开场破冰（O） 2. 就复盘目标达成共识（M） 3. 强调复盘规则（M） 4. 澄清会议流程（M） 5. 进入讨论环节（M） a. 快速对齐成败认定的共识； b. 快速询问对场景还原的信息是否有疑问； c. 重点沟通“得失分析”&“总结提炼”的内容。 6. 复盘会总结（M）	在线复盘会 1. 引导师分发复盘最终文档（M） 2. 留存文档（M） 3. 补齐缺失的文档和数据（M） 4. 跟进 TODO（M）

在复盘筹备工作方面，线上复盘会与线下复盘会的最大不同就是要有可以协作的复盘文档。而在复盘会流程方面，线上复盘会与一般的复盘会的最大不同，就是极大地削减了前两步“成败认定”和“场景还原”所需的时间，并将重点放在了“得失分析”和“总结提炼”这两步，为其留了专门的讨论时间。这是因为有关目标澄清、场景还原的大量工作是在开会前完成的。复盘参与人在看到复盘协作文档后，会根据文档中的要求写下自己所理解的目标，并提供相应的数据和相关信息。

在开会前，参与人可以看到所有人填写的文档。他们可以提前看到其他人对目标的理解与自己相比有哪些差异，也可以看到其他部门提供的数据。一旦发现有问题，可以直接在文档上异步提出问题并获得解答。所以，很多“讨论”实际上已经前置了。

当然，无论有多少讨论已经提前发生了，线上复盘时还是要对以下 3 个方面做二次澄清和确认。

1. 确认成败认定的结论并就此达成共识，特别是对主目标是什么、是否实现了主目标要达成共识。
2. 对本次复盘会的关键议题进行澄清和确认，包括是否需要在复盘文档所建议的议题基础上增加议题或者减少议题。
3. 对本次复盘会所涉及的关键数据的统计口径、计算方式等进行澄清和确认。

如果分歧不大，引导师只需要带着大家逐一确认一遍上述内容，就可以快速进入得失分析的讨论环节。但是，如果团队在目标澄清方面存在较大的分歧，那么在进入得失分析这一环节前澄清目标尤为必要。引导师要确保每一步都扎实进行，再向下一步推进。

线上复盘会之所以强调要在会前就开始思考和讨论，是因为在线上开复盘会时，参与人集中注意力的时间较短，且我们应该将有限的时间用于共同探讨最重要、最有价值的话题。能够在线下独立解决的问题尽量不占用公开讨论的时间。以这样的思路组织的线上复盘会的时长可以控制在 2 个小时左右。

9.4　常见问题

由于会议参与人不在同一个空间，而且线上开会的时长一般不能太长，因此线上复盘会对于参与人的参与度有较高的要求。无论是复盘的发起人、复盘会的引导师，还是复盘参与人，只有在开会前积极配合、全身心投入，在开会过程中认真专注，才能让线上复盘会达到良好的效果。

线上复盘的常见问题包括以下几个。

1. 临时加入新议题，缺乏足够的信息但还在讨论

通常，线上复盘会的时间安排较为紧凑，一旦出现新的讨论议题就会影响整个会议时间。所以，对于讨论过程中发现的新的高价值议题，由于没有提前筹备数据，因此建议先将议题搁置，并列为TODO，以后再单独开会讨论。

线上复盘的核心议题最好都是提前同步过信息的议题，且有丰富的相关数据和信息，而新议题很容易因缺失信息难以让大家展开深入的讨论。

2. 参与人开小差，讨论不积极

在远程参与会议时，总有人因为个人原因没有意愿全身心投入，或缺乏必要的环境全情投入。因此，我们需要在会议筹备环节、会议开始时的规则设定环节以及引导师的引导这 3 个维度进行干预。

比如，在会议筹备环节，为了让大家能够更好地参与讨论，复盘发起人和引导师需要尽量设计所有人都关心的真正重要的议题。

此外，在复盘会开始时，引导师可以宣布发言规则。比如，引导师可以宣布每个议题的发言顺序，通过点名提前告知下一个发言

人是谁。再比如，引导师可以提醒参会人，自己可以对不积极参与讨论的人采取惩罚措施。总之，通过会议开始时的规则设定引导参与人重视会议，不开小差。

最后，引导师还可以通过点名等方式，直接邀请不积极参与讨论的与会者，用提问或者引导思考的方式，鼓励对方加入沟通和讨论。

3. 有人没有阅读文档，讨论信息缺失

尽管要求参与人要在开会前阅读复盘文档，但偶尔总有几个不听话的员工没有按照时间要求阅读完材料。这种情况可以根据团队的管理风格、团队所处的企业文化来决定如何处理。

比如，有的团队管理者认为，会前没读复盘文档很正常。即使有的人阅读过材料，也有可能会遗忘。所以，这样的团队的解决方案是：不管读没读，线上复盘会上都会再给点儿时间，让大家读一遍。

再比如，有的团队管理者认为，开会前读完会议材料，并带着观点开会是对所有人负责的行为。如果你做不到，那就是对其他参会人不负责。因此，对于这类管理者来说，没有读的员工就应该被公开批评，并应该读完文档后再回来继续参加会议。管理者通过公开的警示和惩罚来强化大家必须会前读文档的习惯。

当然，还有一些团队管理者认为，没有必要过于严苛地要求大家必须在开会前读完复盘文档，但他们也不想浪费时间，让大家在会上读材料。那么应该怎么办呢？解决办法就是让引导师带着参与人快速地过一遍内容，为的是帮助大家掌握关键信息，至少掌握讨论的基础信息。

读到这里，相信你已经发现，线上复盘与线下复盘的最大差别就是载体。线上复盘非常依赖复盘文档中的信息，而线下复盘则依赖引导师对所有人的现场引导和现场的信息挖掘。

线上复盘如果做得好，从效率和留痕的角度来说是优于线下复盘会的。但是，线下复盘会也有自己的独特优势，比如现场的人员交流和沟通更多、肢体语言和情绪信息的传递更加清晰、头脑风暴的现场参与度更高等。

有时，线下复盘会可以被看成一个高级团建活动。大家可以一起在回忆中成长，在过往的项目中寻找推动团队一起前进的力量。因此将线下复盘会配上一些团建活动，将产生强大的团队场域。在选择复盘形式时，每个团队应该根据自己的实际情况判断、决定。

本章小结

本章主要讲的是如何做线上复盘。线上复盘最重要的工作是设计复盘协作文档。复盘发起人需要在大脑里“预演”整个会议。通过“看到”大脑中每个会议环节的画面，复盘发起人才能撰写出这份复盘协作文档供团队填写和执行。

值得关注的是，撰写复盘协作文档是为了提升线上复盘的效率和质量。提前同步一些重要信息，可以让在不同空间的人员更好地对齐所要讨论内容的背景信息。因此，对于线上复盘来说，复盘协作文档是必需的。但是，复盘协作文档也可以用于线下复盘会的筹备工作，只是一般并不强求，是非必需的。

本章知识点思维导图

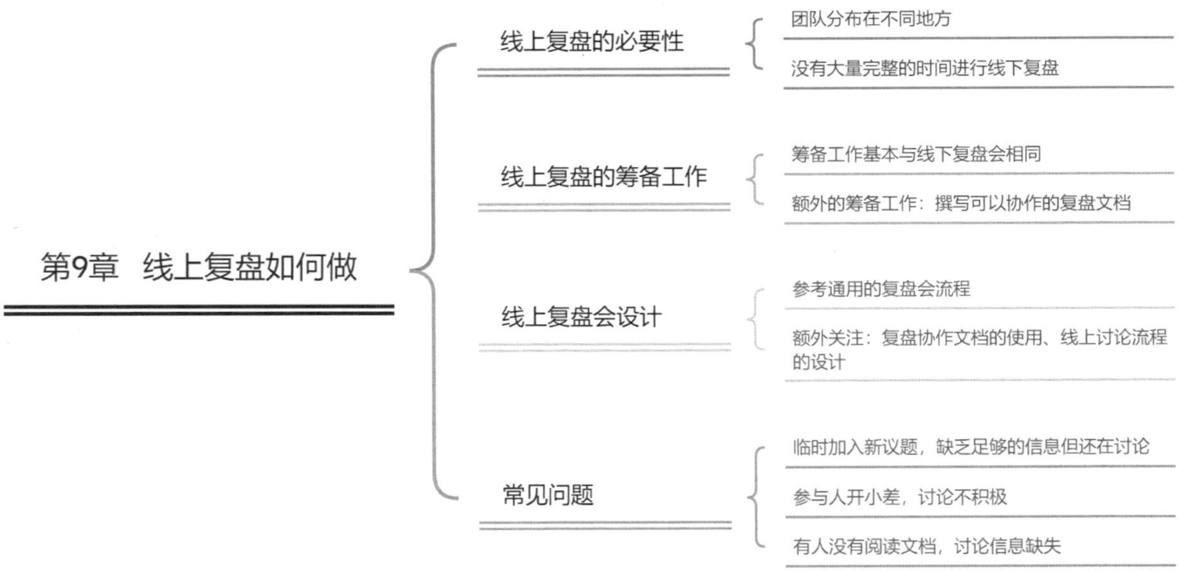

第9章　线上复盘如何做
线上复盘的必要性
团队分布在不同地方
没有大量完整的时间进行线下复盘
线上复盘的筹备工作
筹备工作基本与线下复盘会相同
额外的筹备工作：撰写可以协作的复盘文档
线上复盘会设计
参考通用的复盘会流程
额外关注：复盘协作文档的使用、线上讨论流程的设计
常见问题
临时加入新议题，缺乏足够的信息但还在讨论
参与人开小差，讨论不积极
有人没有阅读文档，讨论信息缺失

附录

学习资源

如果在阅读本书后，**你对复盘主题产生了强烈的兴趣**，你可以关注我们最新发布的课程信息，参加相关课程进行进一步的学习。以下是我们开设的公开课课程。

课程名称	适用人群 & 课程内容
团队复盘工作坊	针对业务团队，线下闭门陪伴式复盘实操；
复盘引导师训练营	针对 HR、咨询顾问、业务管理者，全套赋能复盘引导技能
知识萃取术	针对 HR、咨询顾问、业务管理者，专项讲解经验萃取
最强大脑训练营	针对渴望成长和思维训练的个体，集中训练提问能力、批判性思维、结构思考力，提升深度思考能力
个人复盘营	针对渴望成长的个体，提供陪伴式深度自我反思和分享社群学习

此外，如果**你对提升个人领导力，全面提高自己的管理能力感兴趣**，可以关注视频号“JingYi 婧怡说管理”以及直播间，学习直播课：《从带 1 个人到带 100 个人，你必须要掌握的管理思维和技能》。

如果你是HR或者业务管理者，希望把本书以及管理基本功的体系课程带进你的企业，体系化地提升员工带团队的能力，你可以通过“JingYi婧怡说管理”的视频号客服联系我们，获取课程的详细信息。

广受好评的企业培训爆款课程如下。

课程名称	适合人群	课程形式
定目标	各层级管理者	线上训练营、线下培训
科学分工	各层级管理者	线上训练营、线下培训
高效开会	各层级管理者、所有员工	线上训练营、线下培训
追过程	各层级管理者	线上训练营、线下培训
科学复盘	各层级管理者、所有员工	线上训练营、线下培训
招聘面试	各层级管理者	线上训练营、线下培训
离职淘汰	各层级管理者	线上训练营、线下培训
即时激励	各层级管理者	线上训练营、线下培训
1V1 沟通	各层级管理者	线上训练营、线下培训

其他课程内容参见我们的课程大图（课程大图附后）。

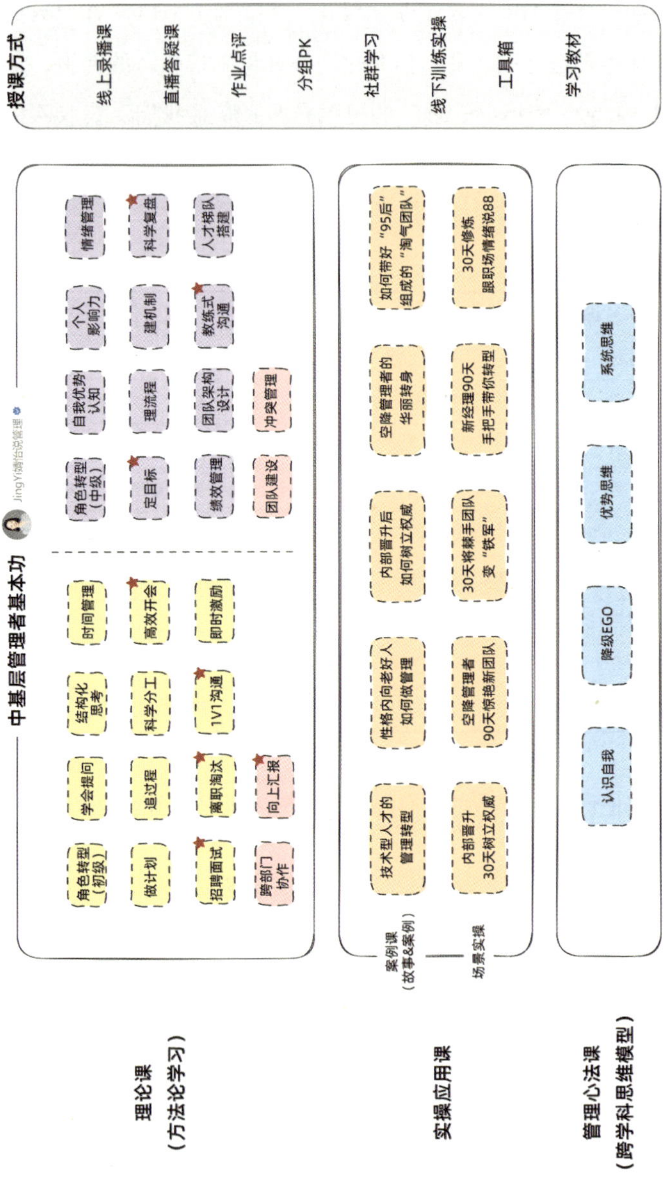

授课方式
线上录播课
直播答疑课
作业点评
分组PK
社群学习
线下训练实操
工具箱
学习教材
理论课（方法论学习）
中基层管理者基本功
JingYi婧怡说管理
角色转型（初级）
学会提问
结构化思考
时间管理
角色转型（中级）
自我优势认知
个人影响力
情绪管理
做计划
追过程
科学分工
高效开会
定目标
理流程
建机制
科学复盘
招聘面试
离职淘汰
1V1沟通
即时激励
绩效管理
团队架构设计
教练式沟通
人才梯队搭建
跨部门协作
向上汇报
团队建设
冲突管理
实操应用课
案例课（故事&案例）
技术型人才的管理转型
性格内向老好人如何做管理
内部晋升后如何树立权威
空降管理者的华丽转身
如何带好“95后”组成的“淘气团队”
场景实操
内部晋升30天树立权威
空降管理者90天惊艳新团队
30天将棘手团队变“铁军”
新经理90天手把手带你转型
30天修炼跟职场情绪说88
管理心法课（跨学科思维模型）
认识自我
降级EGO
优势思维
系统思维

李青台 著

团队复盘

实战手册

一个能做出高质量复盘的组织，差不多是可以做好所有事的。 ——王慧文

目 录

CONTENTS

第一部分

成败认定

1. 成败认定模板

适用于各种复盘场景和复盘类型。

优点：可以清晰地看到所有人对目标的理解。

缺点：内容较多，需要很强的分析能力和提炼总结能力。

建议：可作为处于成败认定环节的团队讨论时所用的模板。

填写提示

请回忆并写下你所理解的目标，评估目标达成的情况，并给出相应的理由。

目标达成情况的评估标准：超过预期、符合预期、低于预期。

参与人 1：XXX

目标 1：XXX

达成情况：符合预期

判断理由：1. XXX

2. XXX

3. XXX

参与人 2：XXX

目标 1：XXX

达成情况：符合预期

判断理由：1. XXX

2. XXX

3. XXX

综上，我们在成败认定环节得到的结论如下。

1. 我们共同认为完成的目标是：________________

2. 我们对是否达成目标存在争议，争议是：________________

3. 本次复盘会的重点方向和议题是：________________

2. 成败认定表

适用于各种复盘场景和复盘类型。

优点：清晰精简地呈现目标以及目标完成情况，可以基于完成情况对后续的讨论要点进行备注，且一张表能够概括所有的问题。

缺点：无法看到个体成员在理解目标上的差异性，且无法确定是否所有人达成了共识。

建议：可以作为成败认定的总结表格。

成败认定表（目标差距分析表）

编号	目标（整体目标、子目标、过程目标）	评估指标	目标值	实际完成值	完成情况判断（超过预期、符合预期、低于预期）	讨论要点备注

3. 常见的复盘目标列表

在讨论复盘会的目标时可参考使用以下内容。

复盘决策：一般是指针对战略和策略的复盘。比如为什么做这个项目或任务、目标是否合理等。

常见复盘目标

- 就决策是否正确、当初的判断是否合理达成共识；
- 梳理决策依据、讨论流程，形成科学的决策方法；
- 发现关键决策背后的关键假设，看到决策盲区；
- 形成关于决策的风险规避机制、纠错机制；

- 对齐高质量决策的标准；

……

常见复盘话题（具体的讨论方向）

- 我们当初是否应该做（承接）这个项目？为什么我们当初选择了它？

- 这个项目当初的营收目标是否合理？是否就此达成了共识？

- 当初规划或制定的项目 / 任务 / 战略 / 策略是否合理？

- 这个项目最初的预算、人力规划是如何做的？

____

____

____

- 下一次遇上同类型的客户，我们如何应对？

____

____

____

复盘执行：一般关注的是项目或任务执行得好与坏。比如，从执行过程中提炼最佳实践、为重大问题找解决方案等。

常见复盘目标

- 对齐项目成败的判断标准，建立复盘审美；
- 沉淀项目 / 活动流程的 SOP；
- 定位关键环节的最佳实践，提炼和总结可复制的动作、行为，完善已有的 SOP；

- 发现出现问题 / 挑战的原因，讨论避免方法或应对措施；
- 形成关于项目 / 活动的完整工作方法、工作文档、管理机制；
- 找到下一次做项目 / 活动的关键假设；
- 明确改进和提升的方向和任务；

……

常见复盘话题（具体的讨论方向）

- 提炼本次项目 / 活动的客群画像；
- 总结本次客群画像的有效触达方式；
- 梳理项目 / 活动全流程关键动作和易出问题的节点；
- 盘点项目 / 活动资源需求以及供应商管理重点事项；
- 明确下一次活动的邀约渠道清单；

……

4. 定目标自检清单

定目标是做每个项目的开端动作，且复盘是基于目标进行的。这份定目标自检清单可以帮助你较好地拉齐所有人对目标的认知。

☐ 你的目标是否与上级、平级、下级讨论过？

☐ 是否拆分了一级目标、二级目标？

☐ 是否澄清了不同目标之间的优先级？

- □ 是否设置了明确的KPI，包含考核的指标名称和定量数据要求？
- □ 目标的描述是否足够具体，是否有执行的关键路径，一看便知道要做什么事情？
- □ 是否让所有参与人在目标理解和评估指标上达成了共识？
- □ 是否有文字记录？
- □ 所有人是否可以经常看到用文字记录的目标？

5. 成败认定避坑清单

这是基于成败认定环节的常见问题制作的清单，也是在这一环节进行相关讨论时的避坑指南。如果能够确定清单所列问题的答案均为“是”，那么说明复盘有了一个良好的信息基础。

- □ 是否带着团队回顾了目标？
- □ 是否让每个人陈述了自己对目标的理解，找到了团队认知差异点？
- □ 是否和团队对齐了整体目标、过程目标和子目标？
- □ 是否向团队澄清了目标原本的制定意图？
- □ 是否向团队澄清了目标的优先级？
- □ 是否澄清了目标的评估指标以及量化标准？
- □ 是否澄清了原本制定的目标实现路径？
- □ 是否和团队讨论了本次复盘会的目标及具体议题？

6. 团队讨论的关键问题清单

这一清单是复盘引导师和复盘负责人用来引导团队进行讨论的问题清单，其主要目的是促进团队加深对目标的理解，达成对复盘主要方向的共识。

- 项目的背景是什么？目标是什么？

____

____

____

- 当初项目的意图、目的或初衷是什么？

____

____

____

- 项目的整体目标、拆分的子目标分别是什么？大团队、小团队、个人的目标分别是什么？

____

- 所有参与人对目标的理解是否一致？对于目标的实现路径的理解是否一致？

- 对目标本身的描述是否清晰？

- 目标达成的标准是否有指标可以进行定量评估？具体的指标内容是什么？

- 对于同一个目标，不同的人是否有不同的评价标准？

- 目标的完成情况如何？实际结果如何？

- 哪些指标完成得较好？在哪些维度上有差距（比如 KPI、时间节点、人力资源使用情况、预算投入等）？

- 这次复盘会将围绕哪个（些）目标或指标的差距进行？

- 这次复盘会建议重点讨论的议题是什么？一定要在哪些方面得出结论？

第二部分

场景还原

1. 场景还原的 2 个姿势：复盘决策 vs 复盘执行

	复盘关注点	收集信息的逻辑
复盘决策	为什么做、该不该做	按照决策时间线 按照决策逻辑 按照决策方法或模型
复盘执行	做得好不好；有哪些问题；有哪些可复用的实践	按照时间顺序 按照关键事件（关键里程碑、团队关键任务、重大成就和事故）

2. 还原决策过程的问题清单

（1）按照决策时间线

- 这个决策我们讨论过几次？

- 每次分别是和谁讨论的？讨论的主题和结论是什么？

- 每次讨论的结论与之前的结论有什么不同？

- 在多次讨论中，我们先后遇上了哪些不同观点？最后听了谁的？为什么这么决定？

小提示：可以找出每次讨论的会议记录作为辅助材料。

(2) 按照决策逻辑

- 这个决策的背景是什么？

- 当时推进工作的方向是什么？下一步想实现的是什么？

- 实现当时的想法，有哪几个不同选项？

- 就市场上的实践来看，有哪些最佳实践在当时可以参考或复用？

- 我们当时是如何看待这些最佳实践的？从中采用了什么？放弃了什么？

- 做这个决策时，我们考虑了哪些因素？考虑了哪些风险？

- 当时的决策有哪些关键假设？这些关键假设是否被验证过？

- 当时的决策有哪些隐含假设？我们当时是否意识到了？

- 当时的决策是否有人质疑？质疑的理由是什么？

____

____

____

- 对于质疑决策的理由，我们当时是如何解答和判断的？

____

____

____

- 当时的决策是否有数据支持？有哪些数据支持？有哪些数据不支持？

____

____

____

小提示：可以找出会议记录、市场调研文档、日常工作文档或相关数据等作为辅助材料。

(3) 按照决策方法或模型

- PEST 分析法；
- 波特五力模型；
- SWOT 分析法；
- 安索夫矩阵（Ansoff Matrix）；
- 波士顿矩阵（BCG Matrix）；
- 波特价值链分析模型；
- 雷达图分析法；
- 内部－外部矩阵（Internal-External Matrix）。

3. 还原执行过程的模板和问题清单

(1) 场景还原分析模板（按照时间顺序）

执行时间	具体任务	做了哪些事	负责人	相关数据 & 情况描述	讨论要点备注

（2）还原执行过程的问题清单

【关键里程碑还原】

- 实现目标的关键里程碑有哪些？

- 实现这些里程碑的关键时间节点是什么？

- 哪些团队需要做哪些事情、拿到什么样的数据结果，才算实现了关键里程碑？

- 实际完成了哪些工作？与计划相比有哪些差别？调整了哪些工作？

____

____

____

【团队关键任务还原】

- 为了完成目标，需要哪些团队参与？这些团队的目标分别是什么？

____

____

____

- 为了完成目标，这些团队分别需要做哪些任务？其中最关键的任务是什么？达到什么样的指标才算实现了任务目标？

____

____

____

- 这些团队具体做了哪些事情，与计划相比有哪些差别？调整了哪些工作？

____

____

____

【重大成就和事故还原】

- 发生了哪些意料之外的事情？它们是如何发生的？带来了哪些影响（比如主观感受是什么、定量数据表现如何）？

____

____

____

- 发生了哪些值得关注的事件？它们是如何发生的？带来了哪些影响（比如主观感受是什么、定量数据表现如何）？

____

____

____

【查漏补缺问题】

- 当前的项目需要哪些数据才能完成复盘？

____

____

____

- 当前的复盘文档缺失哪些信息？

____

____

____

- 目前的信息是否都有相关的定量数据来评估项目或任务的完成标准？

____

____

____

4. 常见的信息收集清单

① 业绩数据；

② 运营数据；

③ 日报 / 周报；

④ 用户 / 客户反馈；

⑤ 用户 / 客户行为；

⑥ 团队评价；

⑦ 竞争对手反馈动作；

⑧ 项目相关文档（工作的 SOP、工作手册、项目管理文档、项目清单）；

⑨ 视频 / 音频文件；

⑩ 培训资料；

……

第三部分

得失分析

1. 哪些人值得"萃取"

- 团队中销售业绩最好的；
- 团队中在完成特定工作流程的KPI上取得最优结果的（比如在销售中的触达环节上，触达人群数量最多的，或者实现复购率最高的员工）；
- 团队中用户口碑最好的；
- 总能较好地处理客户投诉的；
- 较好地处理了严重事故的；
- 成长速度最快的；
- 拿到友商信息最多的；
- 最懂用户诉求，总能创新开发新产品的；
- 总能起出好名字的；
- 总能写出好文案的；
- 一上台演讲就很抓人的；
- 总能搞定刁钻客户的；

……

2. 绘制工作分析图的问题清单

- 这个场景中有多少个步骤？

____

- 如何判断一个步骤即将发生了？进入这个步骤的标志性事件是什么？

____

____

____

- 关键步骤的具体工作方法是什么？话术是什么？

____

____

____

- 完成这一步骤的难点是什么？

____

____

- 针对步骤的难点，解决方案是什么？

- 这个解决方案与已有的解决方案有什么不同？哪些地方优化了？哪些地方保持不变？

- 如何判断一个步骤已经完成了？完成这个步骤的标志是什么？

3. 得失分析环节常用问题清单（辅助五层阶梯思考法使用）

- 我们现在给这件事情打多少分？没有打满分的原因是什么？

- 有哪些议题需要深度讨论？请尝试列出来。

- 根据目前的数据或信息，你有哪些发现？发现了哪些问题？

- 导致这个（些）问题的原因，可能有哪些？

____

____

____

- 为什么结果与预期不同？哪些因素会带来这个结果？还有其他因素吗？

____

____

____

- 在这些因素中，哪些因素与预期不同，发生了变化？

____

____

____

- 如果没有因素发生变化，我们的哪些认知可能是错误的？我们发现了什么新的因果关系？

- 在同一件事情的影响因素中，哪个因素更重要？

- 在什么条件下，这些影响要素就不会有这么大的影响了？

- 如果条件 A 不存在了，B、C、D 还会引起 E 吗？

- 如果结果与预期一致，我们能提炼哪些可能正确的认知？是否还需要进一步验证？已有数据是否已经足够支持这些认知？

- 对于做得好的部分，哪些是主观因素导致的，哪些是客观因素导致的？未来我们可以复用哪些方面？

- 我们已经提炼的正确认知是否可以转化为 SOP？

- 对于做得不好的部分，哪些是主观因素导致的，哪些是客观因素导致的？未来我们可以把控、提升哪些方面？

- 假设所有因素都处于最佳状态，我们还可以做哪些优化或改进，让事情做得更好？

- 我们还有哪些待验证的假设？我们要如何设计实验来验证这些假设？达到什么标准就算验证成功了？

- 如果下一次遇上同样的问题，我们知道如何做了吗？哪些做法需要坚持，哪些做法需要调整？

- 为了下一次做到满分，我们可以做哪些事情？

- 我们现在的做法背后是否有团队独有的关键假设、做事信念？它们是什么？

第四部分

总结提炼

1. 总结提炼：内容汇总表

提炼团队共识	共识维度	共识内容	备注	
1	成败共识：项目结果是否符合预期?	有关项目是否成功或项目结果是否符合预期的结论		
2	亮点共识：做对了什么?	未来可以复用并保证团队拿到结果的行为、方法等		
3	问题共识：做错了什么?	没有做好的方面、遇到的挑战、需要关注和避免的问题		
4	关键假设共识：哪些假设待验证?	对目前不确定但值得持续关注，且可能对业务结果有影响的因素的判断或假设		
布置后续工作	相关 TODO	负责人	截止时间	工作要求 / 标准
1	完善本次复盘文档			
2	撰写工作手册			
3	研究竞争对手解决方案			
4	收集 XX 数据，分析 XX 假设是否成立			
5	待验证的关键假设 1			
6	待验证的关键假设 2			
7	待验证的关键假设 3			

沉淀团队知识资产	文档内容	负责人	截止时间	工作要求 / 标准
1	方法论：N 步法、XX 工作框架			比如，存放到运营文件夹
2	清单：流程文档、话术清单、任务检查清单等			比如，存放到实操工具文件夹
3	SOP：具体执行步骤			比如，存放到 http://xxx 链接上

2. 总结提炼环节的讨论问题清单

在提炼团队共识时，团队可以讨论的问题如下所列。

- 整体来看，这个项目 / 活动 / 事件是成功的还是失败的？

- 从这个项目 / 活动 / 事件中，我们收获了什么？

- 有哪些成功的地方未来可以复制？如何复制？

- 有哪些做法有待改进？

- 有哪些做法可以推广？

- 如果下次再做同样的事情，我们需要坚持或持续做什么？停止做什么？调整或新增什么？

- 有哪些关键假设需要持续观察和验证？

- 如果有人要进行同样的行动，我们会给他（她）什么建议？

在布置后续工作时，团队可以讨论的问题如下所列。

- 接下来我们该做些什么？具体的 TODO 是什么？

- 每一项工作的负责人是谁？完成标准是什么？截止日期是什么？需要如何跟进？

- 哪些 TODO 是我们可以直接采取行动去完成的？哪些是需要其他层级才能处理的？我们是否需要向上级呈报？

____

____

____

- 我们如何保证今天的讨论结果在下一次的项目/活动/事件中应用？

____

____

____

05

第五部分

准备复盘会

>

05

1. 复盘形式选择参考表

	自己复盘	跟团队一起复盘	价值
口头复盘		开碰头会，简单沟通； 直接聊问题和结论，迅速达成共识，明确 TODO	短平快、调整迅速、能够指导下一次的短期工作
文字复盘（复盘文档）	适合单人任务；属于个人成长复盘	通过协同文档，让每个人各自完成复盘内容的撰写。 准备过程中，每个人实际上是在完成自己的个人复盘。 适合低协作项目，且管理者希望收集信息、沉淀经验，也适合团队一起开会效率低的场景	有沉淀、有记录； 能够指导长期的工作，结论可以反复使用
复盘会		适合需要高度协同且复杂的项目；适合关键决策复盘、战略复盘等	全面、完整； 可促进达成思维共识、标准共识、结论共识；促进团队认知迭代

2. 文档类复盘的 3 个重要角色

	发起人	引导师	参与人
职责	定议题、定复盘目标	设计复盘文档的结构以及需要填写的复盘内容； 跟进文档的撰写进度； 对文档内容进行总结； 分发最终版本的复盘文档并留存	提供信息、填写文档

（续）

	发起人	引导师	参与人
人员类型	团队负责人、项目负责人等主责人	可以由发起人担任； 也可以由发起人委派给团队成员完成	围绕复盘议题的相关方
履行职责时的注意事项	向所有参与人澄清复盘目标； 澄清复盘文档的撰写要求； 明确需要参与人提供的复盘信息； 进行必要的授权	撰写复盘文档的结构以及内容时需要与发起人反复确认是否符合复盘目标、是否缺失信息； 最终的复盘文档并不追求收集所有信息，而是需要平衡信息的颗粒度与复盘目标的需要	及时、完整地提供复盘所需要的相关信息； 对自己的复盘质量负责，切忌敷衍了事

3. 复盘会上的 3 个重要角色

	发起人	引导师	参与人
职责	定议题、定复盘整体目标	维护复盘会秩序； 通过提问引导对话； 推进讨论流程	提供信息； 参与讨论； 也可以提出问题
人员类型	部门负责人、CEO、项目经理、团队负责人等主责人	可以由发起人担任； 也可以由第三方或者 HR 担任	参与复盘的相关方（参与人、负责人、顾问等）
心态要求	开放、实事求是； 相信成长和自我改变	打造安全对话场域（场外视角 + 场内视角）	开放、实事求是； 停止抱怨、相信自我改变； 尝试拔高视角

4. 复盘流程自检清单

复盘前	复盘中	复盘后
文档类复盘 & 复盘会公用 1. 选择复盘项目（M） 2. 确定复盘方向（M） 3. 选择复盘形式（M） 4. 明确复盘角色（M） 5. 设计复盘流程（M） 6. 动员参与复盘（M） 7. 布置复盘任务（M） 8. 收集复盘信息（M）	文档类复盘 1. 各自在规定日期前填写内容（M） 2. 引导师完成整理和总结（M） 复盘会 1. 开场破冰（O） 2. 就复盘目标达成共识（M） 3. 强调复盘规则（M） 4. 澄清会议流程（M） 5. 进入讨论环节（M） 6. 复盘会总结（M）	文档类复盘 1. 引导师分发复盘最终文档（M） 2. 留存文档（M） 复盘会 1. 补齐缺失的文档、数据（M） 2. 跟进 TODO（M）

5. 复盘动员话术模板

大家好，这段日子我们一起完成了 XX 项目，取得了 XX 的成绩。接下来，我想邀请大家一起完成一次复盘。

这次复盘的目的有 3 个：第一，我们一起回顾整个项目，找到我们做得对和做得好的地方，这样下次我们可以复用。 第二，我们一起反思下哪些地方做得不够好，找到问题和解决方案，下次可以避免。第三，通过讨论，我们沉淀一个项目管理的工作手册，这样以后如果再有新人加入，大家就不用费劲地手把手地教了，有些任务，工作手册就可以带着新人完成了，这会减少大家辅导新人的时间。

为了让大家更好地参与复盘，我必须强调一下这次复盘不是去评判谁做得好谁做得不好。我们的复盘是对事不对人的。我们更希望大家用客观数据和事实讲话，一起挖掘业务上的认知。至于某个错误是谁犯的，是谁没有做好，这些不是我们关心的重点。也希望大家在撰写复盘文档、在做会议发言时避免使用类似的语言。

这次复盘，我们会坚决抵制任何形式的人身攻击。人身攻击包括针对个人的具体批评和指责，也包括给某人的身上帖上负面标签。

比如，“某某人特别懒，到截止日期都没改一个功能。”这么说就是将“懒”这一负面标签贴在了这位员工的身上。

再比如，“我都无语了，小 A 明明可以提前跟我说一声，却一个字都没提。”这种话语就是对小 A 没有及时沟通的指责。

类似这样的话语都会直接影响我们所有人以平和、理性的态度讨论业务和探讨问题。所以一旦发生这种情况，我就会马上指出来。希望大家能立刻调整自己的说话方式。如果团队中有人用这种方式表达超过了 3 次，那么相关人就暂时不要参加这次的复盘了。

好，到这里看看大家有没有什么问题？如果没有，我就继续布置复盘前的任务了。

第六部分

引导师专属工具箱

1. 复盘会邀约模板

XXX：

您好！

邀请您参加 XX 年 XX 月 XX 日举行的 XXX 项目复盘会。

本次复盘会的目标是：____________________________。

本次复盘会的参与人包括：________________________。

我们将一起讨论的议题包括：__________________________。

希望您能准时参加!

为了保证会议效果和效率，需要您提前准备以下材料：

1. XXX；

2. XXX；

3. XXX；

……

请务必于 XX 年 XX 月 XX 日前将以上信息输入在线文档中。在线文档地址：http://_________ 。我们会在 XX 月 XX 日 XX 点检查这些信息的填写情况。

此外，本次会议不再预留时间进行文档阅读。希望您在 XX 年 XX 月 XX 日 XX 点前，完成 XX 文档的阅读。

感谢您的关注和配合!

2. 复盘会开场话术模板

大家好！感谢大家准时参加今天的 XX 复盘会。

本次复盘会的目标是：______________。

在本次复盘会上，我们关注的核心议题包括：______________
____。

在本次复盘过程中，希望大家能够遵守会议规则和秩序，做到
____。

我是本次复盘会的主持人 XX，我的核心职责是：主持本次复盘会，带领大家实现复盘会目标。同时，保护好在座的每一位参与人，保证大家可以在友好、平等的环境中完成今天的讨论。

另外，这一次会议的记录人是 XX。希望大家密切关注屏幕上所显示的发言或观点。如果和你的发言不一致，可以及时提出修正。屏幕上的文字记录将是我们今天所有决策的唯一依据，所以请大家务必关注描述的精准度。

我们今天的复盘会预计需要 XX（时间），分为 XX 个环节。我会带着大家一起来完成。

大家对此有什么问题吗？

好，如果没有新的问题了，我们开始今天的复盘会。

3. 复盘会现场物料准备和相关准备工作检查清单

☐ 投影仪（确认功能是否正常）；

☐ 两个投屏屏幕（供记录人使用和资料展示使用）；

☐ 连接计算机与投影仪（确认是否需要转换插头）；

☐ 话筒 / 小蜜蜂等扩音设备 2 ～ 3 个；

☐ 干电池若干（用来应对话筒没电等情况）；

☐ 带激光的翻页笔；

☐ 黑板 / 大白板（供引导师挂白纸和翻页）；

☐ 小白板若干（根据小组数进行分配）；

☐ 黑、红、蓝三色白板笔若干、黑板擦若干；

☐ 设置场地路径：组与组之间要有空隙，留出人员走动空间；

☐ 大白纸；

☐ A4 纸；

☐ 便利贴；

☐ 玻璃胶 / 蓝丁胶；

☐ 横幅（如需要）；

☐ 签到表 / 签到二维码（如需要）；

☐ 提醒上课的铃铛或钵（如需要）；

☐ 讨论需要参考的重要资料；

☐ 小组名单；

☐ 带有学员姓名的桌牌。

4. 复盘会常见会议规则和要求

下面是一些常见的复盘会会议规则和会议要求。你可以根据自己的实际情况，选择适合的内容来使用，并不需要全部使用。

- 不得做与复盘会无关的事情（手机、笔记本电脑可以统一安排存放）；
- 不允许开小会、私下讨论；
- 不允许吃东西；
- 不允许私自离开会议，离开前必须请假，并获得引导师以及你的直属上级批准；
- 不允许任何形式的人身攻击行为；
- 开会期间，发言的观点不受员工岗位影响。一切以客观事实、挖掘业务规律和本质为基点进行讨论；
- 开会期间，全场最高负责人为引导师，全员服从引导师的指令；
- 会议中，如果出现违反开会要求的行为，由引导师进行提醒和处置；
- 会议中，若出现争吵、冲突等情况，所有人需服从引导师的安排和指令；
- 会议中，请大家关注记录人的屏幕笔记内容与自己的观点表达是否一致并现场提出异议，过时不再纠正；
- 讨论问题时，在3句话内必须说出结果；
- 讨论问题时，要有理有据，不能主观臆断；
- 讨论问题时，杜绝“我认为”“我觉得”“我猜想”等发言结构。

5. 如何提问：好问题清单

与发言人确认观点

- 我理解得对吗？你自己还有补充吗？
- 我刚说的这个观点是你本来的意思吗？
- 我打算进入下一个话题了，你觉得可以吗？
- 你还需要再想想，然后继续补充信息吗？

邀请其他人发表观点

- 其他人有补充的观点吗？
- 有没有人有不同观点？
- 谁还想最后补充两句？

确认每个人的状态和会议节奏

- 怎么样？大家还跟得上么？
- 到此为止，我们的共识是______________，大家都同意么？
- 大家累不累？需要休息一下么？
- 这个话题的背景信息大家觉得充足么？我们是否需要再收集一些信息，然后再进行讨论？

第七部分

线上复盘

1. 线上复盘协作文档示例

背景

> 2023 年第 1 季度和第 2 季度的销售额指标已达成，但是根据对客户的分析，老客户数量占比高，为 80%，新客户数量占比较低。
> 根据 2022 年 9 月的销售业绩复盘会的结论，团队推测目前新用户的画像以及筛选路径可能存在问题。
> 2022 年 10 月，销售团队重新进行了用户画像调研项目，更新了触达用户的画像标签和触达话术。

目标

> 复盘第 3 季度新的触达路径以及触达话术效果；
> 调整、迭代触达话术并沉淀有效触达话术。

备注说明

> 本次复盘采取线上复盘形式，线上复盘会链接：________________
> 本次复盘参与人：____________________________________

请所有复盘参与人：

（1）填写“成败认定”中的内容，并根据 @ 标识所指定的人员填写自己负责的内容；

（2）思考“得失分析”模块目前罗列出来的相关问题。

请注意：

所有人务必在复盘会召开的前 1 天晚上完成所有相关内容的填写（2023 年 10 月 17 日 24:00 之前）；

所有人务必在复盘会召开之前认真读完其他人填写的内容（2023 年 10 月 18 日 13:00 前）。

成败认定

参与人 1：（名字）

你认为本次话术调整的目标是：________________

目标 1：________________

目标 2：________________

目标 1 是否达成：从括号中的选项中选 1 个（超过预期、符合预期、低于预期）

> 请撰写具体的原因，或者提供相关的数据。

目标 2 是否达成：从括号中的选项中选 1 个（超过预期、符合预期、低于预期）

> 请撰写具体的原因，或者提供相关的数据。

参与人 2：（名字）

> 你认为本次话术调整的目标是：________________
> 目标 1：________________
> 目标 2：________________

目标 1 是否达成：从括号中的选项中选 1 个（超过预期、符合预期、低于预期）

> 请撰写具体的原因，或者提供相关的数据。

目标 2 是否达成：从括号中的选项中选 1 个（超过预期、符合预期、低于预期）

> 请撰写具体的原因，或者提供相关的数据。

场景还原

1. 第 1 季度、第 2 季度、第 3 季度销售额数据 @XXX

	北京	上海	深圳	老客户复购	新客户	线上	线下	自营	渠道
第 1 季度									
第 2 季度									
第 3 季度									

2. 销售漏斗数据 @XXX

	触达	方案制作	商务	合同	成交
第 1 季度					
第 2 季度					
第 3 季度					

3. 触达阶段漏斗数据 @XXX

	首次触达回复率	2 次触达回复率	3 次触达回复率	话术模板（贴附件）
电话				
邮件				
陌拜				

4. 话术模板比对 @XXX

	旧话术	新话术	调整理由
电话			
邮件			
陌拜			

5. 用户调研文件链接 @XXX

> 请列出典型用户的名称和相关访谈链接。

6. 用户回复内容列表 @XXX

> 请填写使用了旧话术的用户回复内容列表和使用新话术之后的用户回复内容列表。

	旧话术	新话术
用户回复关键词		
有效的用户需求数量		
用户回复字数（如有）		
回复平均时长（如有）		

7. 成交用户回访访谈记录 @XXX

> 请列出典型用户的名称和相关访谈链接。

你建议讨论的核心议题：@ 所有人（请根据实际情况添加内容，用于复盘讨论。）

1. ______________________________
2. ______________________________
3. ______________________________

得失分析

> 我们即将在复盘会上着重讨论此部分的内容，请大家提前思考以下问题。如果需要，可以提前写下你的思考或者结论。@ 所有人
>
> 1. 关键假设
>
>   以下用户画像标签是否成立。
>
>   用户标签 1：XXX
>
>   用户标签 2：XXX
>
> 2. 关键问题
>
>   在现在的销售触达话术中，哪些可以保留？哪些建议调整？
>
> 3. 其他问题
>
>   我们需要讨论的其他问题。请根据实际情况添加内容，用于复盘讨论。

总结提炼

> 1. 复盘共识
> 2. 接下来的 TODO
> 3. 可复用文档

2. 通用的复盘流程自检清单

复盘前	复盘中	复盘后
文档类复盘 & 复盘会公用 1. 选择复盘项目（M） 2. 确定复盘方向（M） 3. 选择复盘形式（M） 4. 明确复盘角色（M） 5. 设计复盘流程（M） 6. 动员参与复盘（M） 7. 布置复盘任务（M） 8. 收集复盘信息（M）	文档类复盘 1. 各自在规定日期前填写内容（M） 2. 引导师完成整理和总结（M） 复盘会 1. 开场破冰（O） 2. 就复盘目标达成共识（M） 3. 强调复盘规则（M） 4. 澄清会议流程（M） 5. 进入讨论环节（M） 6. 复盘会总结（M）	文档类复盘 1. 引导师分发复盘最终文档（M） 2. 留存文档（M） 复盘会 1. 补齐缺失的文档、数据（M） 2. 跟进 TODO（M）

3. 线上复盘会流程自检清单

复盘前	复盘中	复盘后
文档类复盘 & 复盘会公用 1. 选择复盘项目（M） 2. 确定复盘方向（M） 3. 选择复盘形式（M） 4. 明确复盘角色（M） 5. 设计复盘流程（M） 6. 动员参与复盘（M） 7. 布置复盘任务（M） 8. 收集复盘信息（M） 9. 填写复盘文档（M）	在线复盘会 1. 开场破冰（O） 2. 就复盘目标达成共识（M） 3. 强调复盘规则（M） 4. 澄清会议流程（M） 5. 进入讨论环节（M） a. 快速对齐成败认定的共识； b. 快速询问对场景还原的信息是否有疑问； c. 重点沟通“得失分析”&“总结提炼”的内容。 6. 复盘会总结（M）	在线复盘会 1. 引导师分发复盘最终文档（M） 2. 留存文档（M） 3. 补齐缺失的文档和数据（M） 4. 跟进 TODO（M）